생생한 LIVE

중국어 읽기

중급편

음성파일
MP3
무료다운로드
www.shinasa.co.kr

정태업 · 이효영 · 이범열 · 기유미 · 이은민 외 공저

정태업

중국 남경대 중문학 박사
부산외국어대학교 중국학부 교수

이효영

중국 남경대 중문학 박사
부산외국어대학교 중국학부 교수

이범열

중국 북경대 중문학 박사
부산외국어대학교 중국학부 교수

기유미

중국 북경대 중문학 박사
부산외국어대학교 중국학부 교수

이은민

중국 북경사범대 중문학 박사
부산외국어대학교 중국학부 교수

최선진

부산외국어대학교 박사과정

왕춘우

부산외국어대학교 박사과정

이은주

부산외국어대학교 석사과정

오초연

부산외국어대학교 석사과정

생생한 LIVE 중국어 읽기 중급편

초판 1쇄 발행 _ 2019년 2월 28일

저 자 • 정태업 · 이효영 · 이범열 · 기유미 · 이은민 외
발 행 인 • 정 현 걸
발 행 • 신 아 사
인 쇄 • 토탈프로세스
출판등록 • 1956년 1월 5일 (제9-52호)
주 소 • 서울특별시 은평구 통일로 59길 4 (2층)
전 화 • 02)382-6411 · 팩스 02)382-6401
홈페이지 • www.shinasa.co.kr
E-MAIL • shinasa@daum.net

ISBN 978-89-8396-331-4 (93720)

정가 *15,000*원

머리말

중국어 읽기나 독해 부분을 가르치면서 늘 중급 수준의 교재에 대한 아쉬움을 갖고 있었다. 넘쳐나는 초급교재와는 달리 학생들의 눈높이에 맞는 중급교재는 찾기가 쉽지 않았다. 보다 체계적으로 중국어를 읽고 다시 그 내용을 확인할 수 있는 탄탄한 구성을 갖춘 중급 중국어 독해 교재가 절실했다. 그런 고민을 하던 중 대학원 수업에서 "중국어 교재연구"라는 교과목을 맡아 석·박사생들과 이런 문제들을 해결할 수 있는 방법에 대해 논의하게 되었고 내친김에 직접 교재를 만들게 되었다. 이후 중국어학 전공 교수님들과 원어민 교수님들의 여러 차례 수정을 거쳐 본 교재가 완성되었다. 따라서 본 교재는 다음과 같은 특징을 가지고 있다.

첫째로 문장의 정확한 해석을 위해 술어가 어느 단어인지를 표시해 주었다. 처음 중국어로 된 문장을 접할 때는 단문으로 쉽게 해석이 가능하지만 중국어가 중급 수준으로 조금 길어지면 학생들은 정확한 중국어 문장의 뜻을 이해 못하는 경우가 많다. 그런데 낯설지 않은 한자 어휘들 때문에 학생들은 자신이 그 문장을 이해하고 있다고 생각하고 넘어가는 경우가 많다. 여기서부터 중국어 독해의 기초가 무너지고 고급 중국어 독해가 힘들어 지는 것이다. 그렇다면 학생들이 정확한 번역이 안 되는 이유는 무엇일까? 그것은 바로 문장의 술어 파악을 못하기 때문이다. 길어진 문장 속에서 술어가 어디 있는지를 파악하지 못하면 정확한 해석은 힘들어진다. 따라서 본 교재는 본문에서 한 문장의 술어가 어느 단어인지를 표시해 줌으로써 정확한 번역을 할 수 있게 했다.

두 번째로는 본문 내용 뒤에 본문과 연관 있는 문장을 다시 제시하여 관련 문장을 읽고 그 상관 어휘들을 학습하게 했다. 이를 통해 본문에 대한 보다 정확한 이해를 돕고 관련 어휘뿐만 아니라 관련 지식까지도 이해하도록 했다.

세 번째로는 연습문제를 HSK 시험문제처럼 만들어서 학생들이 자신이 학습한 내용으로 바로 HSK를 준비할 수 있도록 해 HSK 시험 준비를 위해 다시 시간과 에너지를 낭비하는 일이 없도록 했다.

네 번째로 새로 제시된 어휘들 밑에 예문들을 달아서 실제로 그 어휘가 어떤 상황 속에서 쓰이는지 알 수 있도록 했다. 아울러 예문을 암기해서 회화에서도 사용 할 수 있도록 간단하고 쉽게 했다.

비록 작은 교재이지만 이 교재의 초안을 함께 마련해 준 대학원 석박사 과정의 최선진, 왕춘우, 이은주, 오초연 선생에게 다시 한번 감사의 말씀을 드리며 이 교재를 통해 많은 학생들이 보다 높은 수준의 문장을 읽고 중국에 대해 깊이 있게 이해하고 중국 전문가로 성장하기를 바란다.

2019년 1월 집필진 일동

CONTENTS

본문 구성

	문법 도우미	문형 도우미
제1과 烟酒糖茶	• 동사술어문 '是'	① 除了A以外(之外), ~都/还 B ② A 像 B 一样 ~ ③ 虽然 A, 但是 B
제2과 彩虹	• 的, 地, 得 • 着의 용법	
제3과 葡萄干	• 让겸어문 • 把자문	
제4과 朋友和我的自行车	• 비교문 • 결과보어	① 连 A, 都/也 B ② 又 A 又 B ③ 一边 A 一边 B
제5과 蜗牛的小房子	• 정도보어 • 방향보어	① 无论 A, 都 B ② 如果 A, ~ 就 B
제6과 有趣的杂技	• 연동문	① 只要 A, (就) B ② 既 A, 又 B
제7과 如何选对好牛奶?	• 认为와 以为	① A 否则 B ② 首先, A 其次, B (最后, C)
제8과 离不开手机的生活	• '在' 의 용법 • 가능보어	
제9과 高考	• 상용 전치사 비교	
제10과 人工智能		
제11과 端午节	• 被자문 • 而의 용법	① 不但 A 而且 B ~
제12과 网络购物	• '越来越'와 '越A越B'	① A 还是 B

독해디딤돌

문장의 구성요소

주 어 – 서술어가 나타내는 동작이나 상태의 주체가 되는 사람이나 사물을 의미한다.

서술어 – 주체가 되는 사람이나 사물의 동작이나 상태를 나타낸다.
주로 동사와 형용사 및 일부 명사 주술구 등이 서술어가 된다.

목적어 – 주로 동작 행위와 관련된 사물을 의미한다.

관형어 – 주어나 목적어를 수식하며, 명사나 대명사, 수사, 명사구 등이 관형어가 된다.

부사어 – 서술어의 앞에 위치하여 서술어를 수식한다.

보 어 – 서술어의 뒤에 위치하여 서술어의 결과, 방향, 정도, 가능, 수량, 상태 등을 설명한다.

문장의 기본구조

: **주어 + 서술어 + 목적어**

중국어는 특히, 서술어와 목적어의 순서가 한국어와 다르기 때문에 해석을 할 때 주의해야 합니다.

예)	我	吃	面包。
	나(는)	먹다	빵(을)
	주어	**서술어**	**목적어**

기본구조에 관형어, 부사어, 보어가 보충되어 문장을 풍부하게 만듭니다.

예)	我	吃	两个	面包。
	나(는)	먹다	두 개(의)	빵(을)
			관형어	
	我	在学校	吃	面包。
	나(는)	학교에서	먹다	빵(을)
		부사어		
	我	吃	完	面包。
	나(는)	먹다	전부, 다	빵(을)
			보어	

◉ 중국어 문장의 구성요소와 기본구조를 알아두면 독해에 도움이 됩니다.

제1과
烟酒糖茶

문법 도우미
- 동사술어문 '是'

문형 도우미
- 除了A 以外(之外), ~ 都/还 B
- A 像 B 一样 ~
- 虽然 A, 但是 B

단어 도우미

단어	병음	뜻
▪ 消费品	[xiāofèipǐn]	명 소비재, 소비 물자

예) 油盐酱醋是生活中的消费品。

단어	병음	뜻
▪ 必不可少	[bìbùkěshǎo]	성어 없어서는 안 되다, 반드시 필요하다

예) 油是生活中必不可少的东西。

단어	병음	뜻
▪ 提亲	[tíqīn]	동 혼사를 논하다

예) 70年代时, 烟酒糖茶是提亲时最好的礼物。

단어	병음	뜻
▪ 娘家	[niángjia]	명 친정

예) 她娘家在庆尚南道。

단어	병음	뜻
▪ 红白喜事	[hóngbáixǐshì]	명 경조사 (결혼과 장례)

예) 有红白喜事时一定要通知我。

단어	병음	뜻
▪ 甚至	[shènzhì]	명 심지어

예) 甚至小孩子都知道。

단어	병음	뜻
▪ 奢侈品	[shēchǐpǐn]	명 사치품

예) 名品也叫奢侈品。

단어	병음	뜻
▪ 油盐酱醋	[yóuyánjiàngcù]	명 기름, 소금, 간장, 식초 (식생활 필수품)

예) 油盐酱醋是老百姓家庭中的必需品。

단어	병음	뜻
▪ 尤其	[yóuqí]	부 더욱이, 특히

예) 她爱看电影, 尤其爱看科幻电影。

단어	병음	뜻
▪ 诗词歌赋	[shīcígēfù]	명 시사가부 (중국 시가문학 형식)

예) 诗词歌赋是人们对中国传统文学的概称。

단어	병음	뜻
▪ 动人	[dòngrén]	동 감동시키다

예) 这里有很多动人的故事。

단어	병음	뜻
▪ 茶马古道	[Chámǎgǔdào]	명 차마고도 (중국 운남 · 사천성 일대에서 말을 주요 교통수단으로 하여 찻잎 등을 운송한 국제 무역 통로)

예) 茶马古道是古代国际商贸通道。

단어	병음	뜻
▪ 离不开	[líbukāi]	명 떨어질 수 없다, 떨어지지 못하다

예) 优秀的团队离不开每一位成员的努力。

본문 독해 _ 烟酒糖茶

■ 문장에서 중심 술어를 찾으면서 읽어보세요.

烟酒糖茶是中国人日常生活的必需消费品，更是中国人必不可少的节日礼品。除了节日以外，提亲、回娘家、红白喜事都少不了这几样东西。在困难时期，烟酒糖茶甚至成了奢侈品。

Yān jiǔ táng chá shì Zhōngguó rén rì cháng shēnghuó de bì xū xiāo fèi pǐn, gèng shì Zhōngguó rén bì bù kě shǎo de jié rì lǐ pǐn. Chú le jié rì yǐ wài, tí qīn, huí niáng jiā, hóng bái xǐ shì dōu shǎo bu liǎo zhè jǐ yàngdōng xi. Zài kùn nan shí qī yān jiǔ táng chá shèn zhì chéng le shē chǐ pǐn.

虽然烟酒糖茶像油盐酱醋一样普通，但是它在中国人的文化里却有着特别的意义，尤其是酒和茶会经常出现在古代的诗词歌赋里。如果没有酒，李白就不会写出那么多动人的诗词，如果没有茶，可能就不会有“茶马古道”。正因为人们的日常生活离不开它们，所以烟酒糖茶才成了中国人喜爱的礼物。

Suī rán yān jiǔ táng chá xiàng yóu yán jiàng cù yí yàng pǔ tōng, dàn shì tā zài Zhōngguó rén de wén huà li què yǒu zhe tè bié de yì yì, yóu qí shì jiǔ hé chá huì jīng cháng chū xiàn zài gǔ dài de shī cí gē fù li. Rú guǒ méi yǒu jiǔ, Lǐ Bái jiù bú huì xiě chu nà me duō dòng rén de shī cí, rú guǒ méi yǒu chá, kě néng jiù bú huì yǒu “Chá mǎ gǔ dào”. Zhèng yīn wèi rén men de rì chángshēnghuó lí bu kāi tā men, suǒ yǐ yān jiǔ táng chá cái chéng le Zhōngguó rén xǐ ài de lǐ wù.

독해시간 : 1분 10초 (213자)

문법 도우미

동사술어문 '是'

동사 '是'는 'A 是 B(A는 B이다)'의 형태로 쓰이며, A와 B 두 대상을 연결시켜 대상에 대한 '판단'을 나타낸다. 대부분 명사와 명사간의 관계를 판단하며, 때로 동사나 형용사를 강조하기 위해 쓰이기도 한다.

예) 我是韩国人。(판단)
她是"非常喜欢你！" (강조)

▣ 부정형식 : '不 + 是'

예) 他不是工人。
他们都不是演员。

▣ 전체부정 / 부분부정 표현 형식

- 전체부정 : …都不… '모두 ~가 아니다'
- 부분부정 : …不都… '모두가 ~인 것은 아니다'

예시 비교) 这些都不是苹果。⇔ 这些不都是苹果。
他们都不是军人。⇔ 他们不都是军人。

문형 도우미

▣ 除了 A 以外(之外), ~ 都/还 B

: A 외에도 B (또한) 모두 ~ 하다.

A 뿐만 아니라 또한 B 하다.

예) ① 除了节日以外, 提亲、回娘家、红白喜事都少不了这几样东西。
(A: 节日 / B: 提亲、回娘家、红白喜事)

② 我除了汉语以外，还会说日语。
(A: 汉语 / B: 会说日语)

문형연습) 除了__________以外, __________。

▣ A 像 B 一样 ~ : A는 마치 B와 같이 ~ 하다.

예) ① 烟酒糖茶像油盐酱醋一样普通。
(A: 烟酒糖茶 / B: 油盐酱醋)

② 遇到行动迟缓的人，人们会说他像蜗牛一样慢。
(A: 他 / B: 蜗牛)

문형연습) __________像__________一样__________。

■ 虽然 **A, 但是 B : 비록 A 하더라도 (그러나) B 하다.**

예) ① 虽然烟酒糖茶像油盐酱醋一样普通，但是它在中国人的文化里却有着特别的意义。
(A: 烟酒糖茶像油盐酱醋一样普通 / B: 它在中国人的文化里却有着特别的意义)

② 虽然老家很远，但是他还是要回家看爸妈。
(A: 老家很远 / B: 他还是要回家看爸妈)

문형연습) 虽然＿＿＿＿＿＿，但是＿＿＿＿＿＿。

본문 확인 문제

■ 본문을 읽고 다음 질문에 답해보세요.

一. 根据上面的内容回答问题。

1. 中国的礼品有哪些？
2. 什么时候送烟酒糖茶？
3. 烟酒糖茶像什么一样普通？

二. (　　　) 不是日常生活的必需消费品。

1. 烟酒糖茶　　2. 车和房子　　3. 油盐酱醋

三. 将下列动词填入相应的位置。

喜爱　　提　　回

1. (　)亲　　2. (　)娘家　　3. (　)的礼物

四. 结合课文，选择错误的一项。(　)

1. 烟酒糖茶像油盐酱醋一样普通。
2. 烟酒糖茶在中国文化中有很特别的意义。
3. 烟酒糖茶是春节之前应该准备好的礼品。
4. 在中国，相亲时人们一般不准备烟酒糖茶。

쉬엄쉬엄 성어한마디

每天一句成语

"茶余饭后" [cháyúfànhòu] (茶余酒后)

⇨ 차를 마시거나 식사를 마친 후의 **한가한 휴식시간**을 가리킨다.

예문) 我们要充分利用茶余饭后的时间多去散散步。

독해 더하기_1

中国被称为“茶的国家”。中国的茶分为六种：红茶、绿茶、黑茶、白茶，黄茶和乌龙茶。沏茶、敬茶的礼节是必不可少的。“满杯酒、半杯茶”就是说倒酒一定要倒满一杯，倒茶时一定要半杯。“茶”这个字很早之前出现在中国的诗词之中，最早的“茶诗”距今已有1700多年的历史了。唐代陆羽的《茶经》是中国现存最早、最全面的一部介绍茶的专著，被誉为茶叶百科全书。

◐ 단어도우미 ◑

▪ 称为	[chēngwéi]	동 ~라고 일컫다, ~로 불리다
▪ 沏茶	[qīchá]	동 차를 우리다
▪ 敬茶	[jìngchá]	동 차를 권하다
▪ 礼节	[lǐjié]	명 예절
▪ 距今	[jùjīn]	동 지금으로부터 (얼마간) 떨어져 있다
▪ 陆羽	[Lùyǔ]	명 육우 (중국 당대에 차를 연구한 저명한 학자로 세계 최초의 차 전문 서적인 《茶经》[Chájīng]의 저자)
▪ 专著	[zhuānzhù]	명 전문 저서
▪ 誉为	[yùwéi]	동 ~라고 칭송받다
▪ 百科全书	[bǎikēquánshū]	명 백과사전

问答) 根据上面的内容回答问题。

1. 中国的茶有几种？
2. 茶诗大约有多少年历史？
3. 陆羽写的茶叶百科全书叫什么？

독해 더하기_2

中国有句俗语："酒逢知己千杯少。" 意思是说，遇到好朋友，即使喝一千酒不觉得多。因此在中国，人们喜欢用酒招待朋友。不管遇到好事还是坏事，接风还是送别，朋友们都会聚到一起喝一杯。喝了酒彼此，才会放下面子和顾虑，可以说出暖心话、知心话和真心话。

◐ 단어도우미 ◑

▪ 俗语	[súyǔ]	명 속담
▪ 逢	[féng]	명 만나다, 마주치다
▪ 知己	[zhījǐ]	명 절친한 친구
▪ 遇	[yù]	동 만나다, 조우하다('逢'과 비교할 때, 우연성을 내포하고 있음)
▪ 招待	[zhāodài]	동 접대하다, 초대하다
▪ 不管	[bùguǎn]	접 ~에 관계없이
▪ 接风	[jiēfēng]	동 멀리서 온 손님을 대접하다, 새로운 친구를 환영하다
▪ 聚	[jù]	동 모이다, 집합하다
▪ 彼此	[bǐcǐ]	명 상호, 서로
▪ 面子	[miànzi]	명 체면
▪ 顾虑	[gùlǜ]	명 근심, 걱정, 우려

问答) 请选出"酒逢知己千杯少"的另半句诗：(　)

1. 少小离家老大回　　2. 话不投机半句多

3. 能忆天涯万里人　　4. 葡萄美酒夜光杯

단어 확인 노트

- 독해 더하기 1, 2에서 학습한 단어를 복습해보세요.

选词填空

招待 俗语 彼此 距今 遇 称为 礼节 顾虑 不管 专著

1. 中美科学家在中国三峡地区发现了(　　)5.4亿多年前动物足迹化石。
   zú jì huà shí — 足迹化石: 족적(발자국) / 화석

2. 我当然知道(　　)不是每次都能完全了解对方的心意。
   xīn yì — 心意: 마음

3. (　　)是哪个名字, 好听就行。

4. 记者假装进店购物, 受到了热情(　　)。
   jiǎzhuāng — 假装: 가장하다, ~(인)체하다

5. 小明终于说出了心中的(　　)。
   zhōng yú — 终于: 마침내

중국 문화 엿보기

중국의 술 문화

중국의 음식문화 중 빠질 수 없는 것이 '술' 문화입니다. 중국에서는 중국의 첫 번째 왕조인 하조(夏朝)때 두강(杜康)이라는 사람이 처음으로 술을 빚은 시조로 여겨지고 있으며, 그의 고향인 낙양(洛阳)은 중국 술 문화의 고향으로 알려져 있습니다.

중국의 술은 백주(白酒), 황주(黄酒), 과실주(果酒), 약주(药酒), 맥주(啤酒) 등으로 나뉠 수 있습니다.

또 중국의 옛 문인들 사이에서는 술을 마시는 과정을 특별히 중시하여, 주령 놀이가 생겨났습니다. 이는 술자리에 앉은 사람 중 한 명을 우두머리로 정하고, 나머지 사람들은 우두머리가 정한 규칙에 따라 순서대로 돌아가며 시를 읊거나 시구를 짓는 것입니다. 문인들은 이를 통해 서로의 재능, 지식수준, 문학적 수양과 임기응변 능력 을 시험했습니다. 따라서 중국의 술 문화에서는 문학적 향취도 느낄 수 있습니다.

중국에서는 오늘날까지도 술 문화에 관한 엄격한 예절이 남아있어 술을 마실 때에는 주인이 먼저 술을 권해야 하며, 손님이 먼저 술을 권해서는 안되는 풍습도 있다고 합니다. 이 외에도 중국에는 다양한 술 문화가 있습니다.

제2과
彩虹

문법 도우미

- 的, 地, 得
- 着의 용법

단어 도우미

▪ 欢呼	[huānhū]	동 환호하다, 즐겁게 외치다

예) 群众向选手欢呼。

▪ 纷纷	[fēnfēn]	부 잇달아, 연달아

예) 乡亲们纷纷来到这里, 和我说再见。

▪ 水坑	[shuǐkēng]	명 물웅덩이

예) 弟弟一不小心, 掉进了水坑。

▪ 兴高采烈	[xìnggāocǎiliè]	성어 매우 기쁘다, 신이 나다

예) 孩子们兴高采烈地参加了游园活动。

▪ 彩带	[cǎidài]	명 오색의 끈

예) 为了今天的活动, 同学们在教室里布置了彩带。

▪ 惊奇	[jīngqí]	형 이상하여 놀라다, 이상하게 여기다

예) 故乡翻天覆地的变化, 令人惊奇。

▪ 问道	[wèndào]	동 물어보다

예) 他非常好奇地问道。

▪ 当作	[dàngzuò]	동 ~로 삼다

예) 如果你把员工当作兄弟, 员工就会更加努力工作。

彩虹	[cǎihóng]	명 무지개

예) 大雨过后，天空出现了一道彩虹。

色彩	[sècǎi]	명 색깔, 색채

예) 色彩鲜艳的衣服吸引了很多顾客。

赤橙黄绿青蓝紫	[chì chéng huáng lǜ qīng lán zǐ]	명 빨주노초파남보

예) 彩虹的颜色按波长从小至大排序依次为赤、橙、黄、绿、青、蓝、紫。

桥	[qiáo]	명 다리

예) 我的家乡有一座很有名的桥。

乘	[chéng]	동 (교통수단 등을) 타다

예) 我乘着出租车去了学校。

游遍	[yóubiàn]	동 전역을 여행하다, 돌아다니다

예) 我的梦想是游遍世界每个著名景点。

明亮	[míngliàng]	형 밝다, 빛나다

예) 打开窗户，屋子就会明亮些。

五颜六色	[wǔyánliùsè]	형 색깔이 알록달록 다양하다, 가지각색

예) 它全身有五颜六色的羽毛。

본문 독해 _ 彩虹

■ 문장에서 중심 술어를 찾으면서 읽어보세요.

"哇，雨停了，雨停了。"我高兴**地**欢呼起来。大家纷
Wā yǔ tíng le yǔ tíng le Wǒ gāo xìng de huān hū qi lai dà jiā fēn

纷从教室跑出去，跳过小水坑，兴高采烈**地**玩着。我打
fēn cóng jiào shì pǎo chu qu tiào guò xiǎo shuǐ kēng xìng gāo cǎi liè de wán zhe Wǒ dǎ

开窗户看见一条长长**的**彩带挂在空中。"那是什么？像
kāi chuāng hu kàn jiàn yì tiáo cháng cháng de cǎi dài guà zài kōng zhōng Nà shì shén me Xiàng

一条彩带。"
yì tiáo cǎi dài

我惊奇**地**问道。"那是彩虹，你把彩虹当作彩带了。"
Wǒ jīng qí de wèn dào Nà shì cǎi hóng Nǐ bǎ cǎi hóng dàng zuò cǎi dài le

小明笑着对我说。这是我第一次见到彩虹，原来彩虹有
Xiǎo Míng xiào zhe duì wǒ shuō Zhè shì wǒ dì yī cì jiàn dào cǎi hóng yuán lái cǎi hóng yǒu

七种不同**的**颜色，赤橙黄绿青蓝紫，而且每两个不同
qī zhǒng bù tóng de yán sè chì chéng huáng lǜ qīng lán zǐ ér qiě měi liǎng ge bù tóng

的颜色之间，还有中间颜色，色彩比我想象**的**还要美
de yán sè zhī jiān hái yǒu zhōng jiān yán sè sè cǎi bǐ wǒ xiǎng xiàng de hái yào měi

丽。彩虹就像天上**的**一座桥，让我们乘着这座桥，游遍
lì Cǎi hóng jiù xiàng tiān shàng de yí zuò qiáo ràng wǒ men chéng zhe zhè zuò qiáo yóu biàn

世界每个地方。蓝蓝明亮**的**天空下，五颜六色的彩虹桥
shì jiè měi gè dì fang Lán lán míng liàng de tiān kōng xia wǔ yán liù sè de cǎi hóng qiáo

真好看！
zhēn hǎo kàn

독해시간 : 1분 30초 (224자)

문법 도우미

현대 중국어에는 수식어와 중심어를 연결해주는 3개의 조사 'de'가 있다. '的'는 앞의 수식어와 뒤의 명사(중심어)를 연결해주며, '地'는 앞의 수식어와 뒤의 동사/형용사(중심어)를 연결해주고, '得'는 앞의 동사/형용사(중심어)를 뒤의 보어(보충수식어)와 연결해준다.

▣ 기본 문형

- 수식어 + 的 + (명사) 중심어
- 수식어 + 地 + (동사/형용사) 중심어
- 중심어 (동사/형용사) + 得 + 보어(보충수식어)

예) 原来彩虹有七种不同的颜色。

彩虹就像天上的一座桥。

我惊奇地问道。

我高兴地欢呼起来。

教练气得脸色都变了。

只要你全力以赴, 一定搬得起来。

'着'의 용법

'**着**'는 동사나 형용사 뒤에 붙어 동작이나 상태의 지속을 나타낸다.

▣ 기본 문형

동사 / 형용사 + 着 + (목적어)

예) 大家纷纷从教室跑出去，踩过小水坑，兴高采烈地玩着。
蜗牛背着沉重的小房子，爬得很慢。
幸好它们有螺旋形的硬壳，像一座小房子一样保护着它们。
脑关机了，可是键盘指示灯还亮着。

또한 연동문에서 동사$_1$의 뒤에 '**着**'가 쓰여 동사$_2$에 대한 수단, 방식을 표현하기도 한다.

예) 小明笑着对我说。
(我们)捧着手机刷微博、看微信、聊天、玩游戏、看小说。

그러나 모든 동사에 '**着**'를 붙일 수 있는 것은 아니며, 아래와 같은 동사와는 함께 쓰이지 않는다.

- 판단이나 존재를 나타내는 동사 '是', '在' 등
- 본래 지속을 나타내는 동사 '知道', '认识', '同意' 등
- 계속 지속할 수 없는 동사 '去', '完', '结束' 등

본문 확인 문제

- 본문을 읽고 다음 질문에 답해보세요.

一. 根据上面的内容回答问题。

1. 彩虹出现在什么时候?
2. 彩虹有多少种颜色?
3. 这是“我”第几次见到彩虹?

二. 将下列词语填入相应的位置。

的　　地　　得

1. 这是一个非常浪漫(　)爱情故事。
2. 您跑(　)实在是太快了!
3. 他已经详细(　)描述了事情的全部起因和整个过程。

三. 为什么把彩虹比喻成“桥”? (　)

1. 因为彩虹连着天和地, 可以走到天上去。
2. 因为彩虹是天上的一座桥。
3. 彩虹是拱形的, 很像桥的形状, 所以民间称为“彩虹桥”。
4. 因为彩虹是用五色石头做的神奇的桥。

쉬엄쉬엄
성어한마디

每天一句成语

“奇光异彩” [qíguāngyìcǎi]

⇨ 기이하고 아름다운 빛과 색깔을 나타낸다.

예문) 这里的景色美极了，一片奇光异彩!

독해 더하기_1

云，不仅让天空变得美丽，还能帮助人们识别阴晴风雨，预知天气变化。天上飘着薄云，是天气晴朗的标志，如果乌云密布，则是雨雪的预兆。自古以来，人们就有很多的观云经验，还编成了谚语。比如：满天乱飞云，雨雪下不停；天上花花云，地上晒死人；朝霞不出门，晚霞行千里……这些谚语都是人们在生活中总结出来的，对我们来说有一定的借鉴意义。

◐ 단어도우미 ◑

▪ 天空	[tiānkōng]	명 하늘
▪ 识别	[shíbié]	동 식별하다
▪ 阴晴	[yīnqíng]	명 흐림과 맑음
▪ 预知	[yùzhī]	동 사전에 알다, 예지하다
▪ 飘	[piāo]	동 나부끼다, 흩날리다
▪ 薄	[báo]	형 얇다
▪ 晴朗	[qínglǎng]	형 쾌청하다 (구름 한 점 없이 맑다)
▪ 标志	[biāozhì]	명 표지, 지표, 상징
▪ 乌云	[wūyún]	명 먹구름
▪ 密布	[mìbù]	동 짙게 덮이다, 빽빽하게 들어차다

▪ 预兆	[yùzhào]	명 전조, 조짐
▪ 自古以来	[zìgǔyǐlái]	성어 예로부터
▪ 观	[guān]	동 (관찰하여) 보다, 살펴보다, 주시하다
▪ 经验	[jīngyàn]	명 경험
▪ 编	[biān]	동 엮다, 만들다
▪ 谚语	[yànyǔ]	명 속담, 속어
▪ 乱	[luàn]	형 어지럽다, 혼란하다
▪ 花花	[huāhuā]	형 가지런하지 않은 모양, 잡다한 모양
▪ 晒	[shài]	동 햇볕이 내리쬐다
▪ 霞	[xiá]	명 노을
▪ 总结	[zǒngjié]	동 총결산(하다), 총괄(하다)
▪ 借鉴	[jièjiàn]	동 참고로 하다, 거울로 삼다

问答) 根据上面的内容回答问题。

1. 天气晴朗可以通过什么判断出来？
2. 满天乱飞云会怎么样？
3. 乌云密布时天气会有什么变化？

독해 더하기_2

雨哗哗地下着，树叶、树干全被淋湿了。有两只聪明的小鸟飞到草地上，躲到蘑菇伞下面。一只小鸟说："我的左边淋雨了，你往右边靠一靠！" 另一只小鸟说："我的右边淋雨了，你往左边靠一靠！"

他们俩你争我吵，谁也不往外边挪，却都向中间挤。"咔嚓"一声，蘑菇伞断了。两只小鸟你看着我，我看着你，不知说什么好。

◐ 단어도우미 ◑

단어	병음	뜻
▪ 哗哗	[huāhuā]	명 콸콸, 주르륵 (물 흐르는 소리)
▪ 树叶	[shùyè]	명 나뭇잎
▪ 树干	[shùgàn]	명 나무줄기
▪ 淋湿	[línshī]	동 (비에) 흠뻑 젖다
▪ 蘑菇	[mógu]	명 버섯
▪ 淋雨	[línyǔ]	동 비에 젖다
▪ 靠	[kào]	동 기대다
▪ 你争我吵	[nǐzhēngwǒchǎo]	성어 실랑이를 벌이다
▪ 挪	[nuó]	동 움직이다, 옮기다
▪ 挤	[jǐ]	동 붐비다, 꽉 차다
▪ 咔嚓	[kāchā]	의성 딱딱, 똑똑, 우지끈, 싹둑 등 (의성어)
▪ 断	[duàn]	동 자르다, 끊다

问答) 根据上面的内容，判断对错 (O/X)

1. 两只小鸟都被雨淋湿了。 ( )
2. 两只小鸟都向两边挪。 ( )
3. 有一只小鸟两边都被淋湿了。 ( )
4. 小鸟们都躲在了雨伞下。 ( )

단어 확인 노트

■ 독해 더하기 1, 2에서 학습한 단어를 복습해보세요.

选词填空

飘　经验　总结　挤　借鉴　预兆　淋湿　识别　靠　标志

1. 这个报告(　　)了我们公司过去10年的发展过程(guò chéng, 과정)。

2. 因为雷阵雨(léi zhèn yǔ, (천둥, 번개를 동반한) 소나기)，衣服都被(　　)了。

3. 细菌(xì jūn, 세균)太小了，所以用显微镜(xiǎn wēi jìng, 현미경)也很难(　　)。

[참고] 아래의 a와 b는 동일한 단어.

4. 请你往里(a.　　)一(b.　　)，让我坐一下。

5. 这个箭头(jiàn tóu, 화살표)是(　　)方向的。

중국 문화 엿보기

중국의 기후와 난방시스템

중국은 전체적으로 사계절이 뚜렷한 계절풍 기후의 특징을 보이고 있지만, 광활한 영토와 다양한 지형을 가지고 있기 때문에 지역별로 기후도 아주 다양하며, 특히 남북의 기온 차는 매우 큽니다.

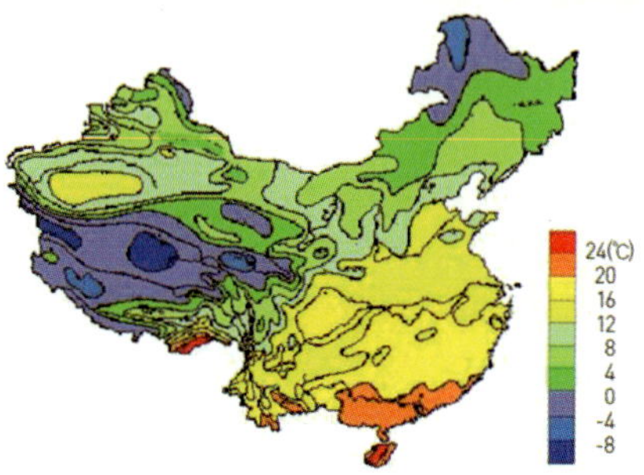

중국의 기후

중국의 연평균 기온은 지역에 따라 다양한 분포를 보이고 있습니다. 일반적으로 기온은 위도의 영향을 받습니다. 위도가 높을수록 기온이 낮아지는데, 중국 역시 고산 지역을 제외한 남쪽 지방의 기온은 높고, 북쪽 지방의 기온은 낮으며, 남북의 기온 차가 매우 큽니다.

중국 남북의 기온 차

같은 중국 내에서도 다양한 기후를 보이기 때문에 기상캐스터가 중국 전 지역의 일기예보를 보도하기 위해서는 길게는 30분이 넘는 시간이 소요되기도 합니다. 겨울철이 되면 북쪽 하얼빈에서 빙등 축제(冰灯节)가 열리는 영하의 날씨를 보이는 반면, 남쪽의 하이난다오에서는 꽃이 만발하는 따뜻한 기온을 볼 수 있게 됩니다.

중국의 난방시스템

재미있는 것은 남북의 기온 차이에 따른 차별화된 난방 시스템입니다. 중국 정부는 북방과 남방지역의 지리적 환경, 기온 및 기후, 일조량, 습도, 겨울철 평균 기온 등의 차이를 기준으로 1950년대에 난방공급경계선을 지정하였습니다. 지금도 이 경계선의 북쪽 지역에서는 중앙 난방방식을 사용하고 있으며, 남쪽 지역은 상대적으로 난방 공급률이 낮습니다. 이러한 이유로 한겨울이 되었을 때, 추위에 익숙하지 않은 남방지역 사람들은 집에서도 두꺼운 옷을 껴입지만, 북방지역의 사람들은 집에서 반팔, 반바지 차림으로 따뜻하게 보냅니다.

제3과

葡萄干

문법 도우미

- 让겸어문
- 把자문

단어 도우미

▪ 零食	[língshí]	명 간식, 군것질

예) 我的办公室里经常有一些零食。

▪ 葡萄干	[pútáogān]	명 건포도

예) 我特别喜欢吃葡萄干。

▪ 吐鲁番	[Tǔlǔfān]	명 투루판시 (신장위구르자치구 도시)

예) 吐鲁番位于新疆中东部。

▪ 葡萄沟	[Pútáogōu]	명 투루판시에 있는 포도 재배 관광지

예) 葡萄沟景区位于吐鲁番市区东北侧。

▪ 种植	[zhòngzhí]	동 재배하다

예) 这个地区种植的主要农作物是小麦。

▪ 成熟	[chéngshú]	동 익다, 여물다

예) 小麦成熟了, 又到了收获的季节。

▪ 串(儿)	[chuàn(r)]	양 꿰미 (끈이나 꼬챙이로 꿰어서 만든 물건을 세는 단위)

예) 葡萄, 一串一串的长了很多。

▪ 挂	[guà]	동 걸다

예) 船上挂着帆。

▪ 绿叶	[lǜyè]	명 푸른 잎

예) 绿叶红花看着很漂亮。

▪ 紫红	[zǐhóng]	명 자홍색

예) 紫红色是纯紫色加玫瑰红而得到的颜色。

▪ 浅	[qiǎn]	형 옅다

예) 我要买那个浅蓝色的裤子。

▪ 好客	[hàokè]	동 손님(접대)를 좋아하다

예) 这里的人们都十分好客。

▪ 维吾尔族	[Wéiwú'ěrzú]	명 위구르족(중국의 소수 민족)

예) 维吾尔族主要聚居在新疆维吾尔族自治区。

▪ 老乡	[lǎoxiāng]	명 고향사람, 마을사람

예) 我们的家乡都是山东, 所以我们是老乡。

▪ 摘	[zhāi]	동 따다

예) 刚摘的水果非常新鲜。

▪ 阴房	[yīnfáng]	명 어두운 방

예) 阴房是在葡萄沟较高的坡地上, 建的一种晾葡萄干的特殊的房屋。

▪ 小孔(儿)	[xiǎokǒng(ér)]	명 작은 구멍

예) 墙上有个小孔, 可以看到外面。

▪ 架子	[jiàzi]	명 선반

예) 架子上放了很多书。

▪ 流动	[liúdòng]	동 (기체나 액체가) 흐르다

예) 空气的流动形成了风。

▪ 蒸发	[zhēngfā]	동 증발하다

예) 天气太热, 洒在地上的水, 一会儿就蒸发了。

본문 독해 _ 葡萄干

- 문장에서 중심 술어를 찾으면서 읽어보세요.

中国人爱吃的零食有很多种， 其中一种就是葡萄
Zhōngguó rén ài chī de líng shí yǒu hěn duō zhǒng qí zhōng yì zhǒng jiù shì pú táo

干。吐鲁番有个地方叫葡萄沟，那里种植葡萄。到了
gān Tǔ lǔ fān yǒu ge dì fang jiào Pú táo gōu nà li zhòng zhí pú táo dào le

秋天，葡萄成熟了，一大串一大串挂在绿叶底下，有紫
qiū tiān pú táo chéng shú le yí dà chuàn yí dà chuàn guà zài lǜ yè dǐ xià yǒu zǐ

红的、有浅绿的，美丽极了。这时候你到葡萄沟去，热
hóng de yǒu qiǎn lǜ de měi lì jí le Zhè shí hou nǐ dào pú táo gōu qù rè

情好客的维吾尔族老乡，会摘下最甜的葡萄，让你吃
qíng hào kè de Wéi wú ěr zú lǎo xiāng huì zhāi xia zuì tián de pú táo ràng nǐ chī

个够。收下来的葡萄有的送到城市去，有的在阴房里
ge gòu shōu xia lai de pú táo yǒu de sòng dào chéng shì qù yǒu de zài yīn fáng li

做成葡萄干。阴房四周有许多小孔，里面有许多木架
zuò chéng pú táo gān Yīn fáng sì zhōu yǒu xǔ duō xiǎo kǒng lǐ miàn yǒu xǔ duō mù jià

子。把葡萄挂在架子上，利用流动的热空气，把水分蒸
zi Bǎ pú táo guà zài jià zi shang lì yòng liú dòng de rè kōng qì bǎ shuǐ fèn zhēng

发掉，就成了葡萄干。这里生产
fā diào jiù chéng le pú táo gān Zhè li shēng chǎn

的葡萄干颜色美、味道甜，非常
de pú táo gān yán sè měi wèi dao tián fēi cháng

有名。葡萄沟真是个好地方。
yǒu míng Pú táo gōu zhēn shì ge hǎo dì fang

독해시간 : 1분 30초 (216자)

문법 도우미

겸어문(兼语句)이란?

문장에서 앞 동사의 목적어가 뒤에 나오는 동사의 주어를 겸하는 형태를 '겸어문'이라고 한다. 전체 의미는 '누구에게 ~ 하게 하다'이다. 동사$_1$에는 '请', '选', '派' 등의 동사를 쓸 수 있으며, 또 '누구에게 ~을 시키다'의 의미를 가진 '让', '叫', '使' 등의 동사도 사용할 수 있다.

■ 기본 문형

⇩ 동사$_2$는 보어를 가질 수도 있음.

주어 + 동사$_1$ + 목적어$_1$ + 동사$_2$ + (목적어$_2$)

⇧ 동사$_2$의 주어의 역할을 겸함.

예) 热情好客的维吾尔族老乡，(会摘下最甜的葡萄)，让你吃个够。

주어 / 동사$_1$+목적어$_1$+동사$_2$+보어

你叫他下周再来吧。

你们俩使我感到幸福。

公司派我去外地工作。

老板要选他们做代言人。

潘基文拿出一张纸，请马云解释上面字的含义。

把자문(把字句)이란?

동사의 동작이나 행위를 받는 대상(목적어)을 동사 앞으로 끌어내어 목적어를 처리한 결과 및 영향을 나타내는 표현이다.

▣ 기본 문형

주어 + 把 + 목적어 + 동사 + 기타성분

예) 把水分蒸发掉，就成了葡萄干。
我把其中一本书送给张先生了。
你把彩虹当作彩带了。

▣ 把자문의 특징

- 목적어는 말하는 이와 듣는 이가 모두 알고 있는 특정한 대상이어야 한다.

예) 他把这个房间收拾得很干净。⇔ 他把一个房间收拾得很干。(X)
我们一起把这个问题研究研究。
⇔ 我们一起把一个问题研究研究。(X)

- 把자문은 목적어가 동작에 의해 어떤 변화의 결과 및 영향이 발생했음을 나타냄으로 동사가 단독으로 술어가 될 수 없다.

예) 她把那本书看完了。 ⇔ 她把那本书看。 (X)
我把你的照片带来了。⇔ 我把你的照片带。(X)

본문 확인 문제

- 본문을 읽고 다음 질문에 답해보세요.

一. 根据上面的内容回答问题。

1. 葡萄在哪个季节成熟？
2. 收下来的葡萄会怎样处理？
3. 葡萄沟为什么是个好地方？

二. 将下列词语填入相应的位置。

好客　葡萄干　架子　老乡

我们家乡的人很___，在别的地方碰到___都会很开心。

妈妈给了我一些___，甜甜的，我想留给弟弟，就把它们放到了___最上面。

三. 结合课文，选择一个正确选项。（　）

1. 维吾尔族的老乡不是热情好客的人。
2. 葡萄干要蒸发掉原有的水分。
3. 阴房上的小孔，是为了让冷空气流动。
4. 葡萄沟的葡萄干没有颜色。

쉬엄쉬엄 성어한마디

每天一句成语

“晶莹剔透” [jīngyíngtītòu]

⇨ 아주 맑고 투명하다, 매우 윤기가 나고 투명하다.

예문) 你到那里会看到街边摆摊叫卖的农夫和晶莹剔透的葡萄。

◐ 단어도우미 ◑

▪ 摆摊	[bǎitān]	노점상을 열고 판매하다

독해 더하기_1

春节那天，我邀请了两个韩国同学来家里做客。我们三个跟着妈妈学包饺子。小金心灵手巧，包的饺子像模像样。小朴的脸上沾了不少面粉，惹得大家都笑了。开饭的时间到了，热腾腾的饺子端上来，大家都觉得特别好吃。

◐ 단어도우미 ◑

▪ 春节	[chūnjié]	명 (중국의 명절) 설
▪ 邀请	[yāoqǐng]	동 초대하다
▪ 包	[bāo]	동 싸다
▪ 饺子	[jiǎozi]	명 교자, 만두
▪ 心灵手巧	[xīnlíngshǒuqiǎo]	성어 영리하고 솜씨 있다
▪ 像模像样	[xiàngmúxiàngyàng]	성어 제법 그럴 듯하다, 보기 좋다
▪ 沾	[zhān]	동 묻다, 닿다
▪ 面粉	[miànfěn]	명 밀가루
▪ 惹得	[rěde]	동 야기하다, 불러 일으키다
▪ 开饭	[kāifàn]	동 밥을 먹다
▪ 热腾腾	[rèténgténg]	형 뜨끈뜨끈하다
▪ 端	[duān]	동 두 손으로 가지런히 들다

问答) 根据上面的内容回答问题。

1. 这篇课文讲了一件什么时间发生的什么事？
2. 饺子的味道怎么样？
3. 两个韩国同学分别姓什么？

독해 더하기_2

父亲说："花生的好处很多，有一样最可贵：它的果实埋在地里，不像桃子、石榴、苹果那样，把鲜红嫩绿的果实高高地挂在枝头上，使人一见就生爱慕之心。你们看它矮矮地长在地上，等到成熟了，也不能立刻分辨出来它有没有果实，必须挖起来才知道。"

父亲接着说："所以你们要像花生，它虽然不好看，可是很有用。"我说："人要做有用的人，不能做只讲体面，而对别人没有好处的人。"(选自落花生)

◐ 단어도우미 ◑

▪ 花生	[huāshēng]	명 땅콩
▪ 好处	[hǎochu]	명 장점
▪ 可贵	[kěguì]	형 귀중하다, 소중하다
▪ 果实	[guǒshí]	명 과실, 수확
▪ 埋	[mái]	동 (땅에) 묻다
▪ 桃子	[táozi]	명 복숭아
▪ 石榴	[shíliu]	명 석류
▪ 鲜红	[xiānhóng]	명 선홍색
▪ 嫩绿	[nènlǜ]	명 연녹색
▪ 枝头	[zhītóu]	명 나뭇가지의 끝

▪ 爱慕	[àimù]	동 사모하다
▪ 分辨	[fēnbiàn]	동 구분하다, 분별하다
▪ 必须	[bìxū]	부 반드시~해야 한다
▪ 挖	[wā]	동 파다
▪ 接	[jiē]	동 잇다, 연결하다
▪ 体面	[tǐmiàn]	명 체면

问答) 根据上面的内容，回答问题。

1. 听了父亲的话，"我"明白了什么道理？
2. 花生最可贵的一点好处是什么？

단어 확인 노트

■ 독해 더하기 1, 2에서 학습한 단어를 복습해보세요.

选词填空

埋	邀请	分辨	接	好处	惹得	可贵	沾	必须	挖

1. 这对他的身体有(　　), 可以保持(bǎo chí: 유지하다, 지키다)健康。

2. 火车上，有人把音乐声放得很大，(　　)一些人很生气。

3. 您的邀请(　　), 我会永远(yǒngyuǎn: 영원히)记在心中。

4. 这种事急不得(jí bu de: 급하게 서둘러서는 안된다), (　　)一步一步慢慢来。

5. 那是面黑色的旗帜(qí zhì: 깃발), 在黑暗(hēi 'àn: 암흑(의), 어두움)中无法(　　)。

중국 문화 엿보기

중국의 간식

중국어로 간식은 小吃[xiǎochī] 라고 부릅니다. 중국의 간식 종류는 매우 다양하며, 지역별로도 다른 수많은 간식이 있습니다. 알려진 간식들에 대해 몇 가지 알아볼까요?

手抓饼[shǒuzhuābǐng]

'한 손으로 잡고 먹는 전'이라는 의미를 가졌으며, 본래는 대만의 음식이지만 현재는 중국 전역에서 볼 수 있는 흔한 간식이 되었습니다. 얇고 둥근 모양의 밀가루 반죽 위에 계란, 베이컨, 햄, 치즈 등을 올려 구운 후 돌돌 말아서 먹는 중국식 크레페 입니다.

煎饼[jiānbǐng]

간식거리를 넘어 간단한 아침식사나 저녁식사로 먹기도 합니다. 달궈진 동그란 철판 위에 밀가루 반죽을 얇게 편 후 그 위에 계란을 풀고 취향에 따라 여러가지 재료를 올려 먹는 음식이며, 바삭바삭한 식감은 한국인의 입맛도 사로잡았습니다.

烤冷面[kǎolěngmiàn]

냉면을 토스트 굽듯 구워 소시지, 계란 등의 재료를 얹어 소스와 함께 먹는 동북지방의 대표적인 길거리 음식입니다. 냉면의 쫄깃한 식감과 달콤 짭짤한 맛은 남녀노소 모두가 사랑하는 맛입니다.

麻辣烫[málàtàng]

펄펄 끓는 매운 육수에 본인이 원하는 여러가지 재료를 함께 넣어 끓이는 음식입니다. 중국 사천의 뜨겁고 얼큰한 맛(**麻辣[málà]** : 맵고 얼얼한 맛)으로 인기가 많습니다.

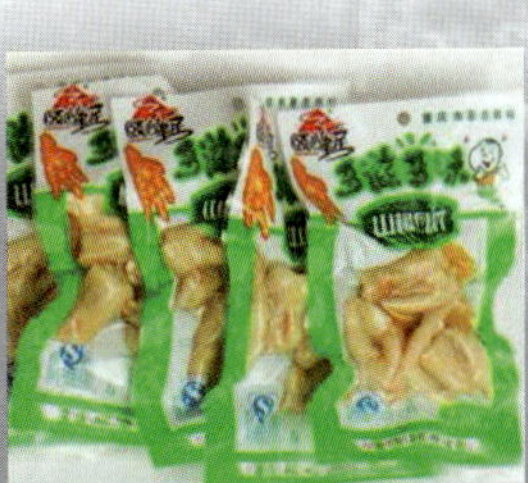

鸡爪[jīzhuǎ]

중국의 슈퍼에 가면 쉽게 만날 수 있는 간식거리입니다. 매운 양념을 발라서 만드는 우리나라의 닭발과는 달리 매운 고추를 이용해 절여서 만듭니다. 새콤하고 쫄깃한 맛 뒤에 얼얼한 매운맛이 숨겨져 있습니다.

MEMO

제4과

朋友和我的自行车

문법 도우미

- 비교문
- 결과보어

문형 도우미

- 连 A, 都 / 也 B
- 又 A 又 B
- 一边 A 一边 B

단어 도우미

▪ 矮	[ǎi]	형 (키가)작다

예) 姐妹俩一高一矮。

▪ 瘦	[shòu]	형 마르다, 여위다

예) 病了几天瘦多了。

▪ 眼睛	[yǎnjing]	형 (신체기관) 눈

예) 他眼睛大, 嘴巴小。

▪ 月牙	[yuèyá]	명 초승달

예) 天上挂着月牙。

▪ 独特	[dútè]	형 독특하다, 특이하다

예) 他的风格很独特。

▪ 只要	[zhǐyào]	접 ~하기 만 하면

예) 我弟弟只要有时间就拿手机玩。

▪ 开口	[kāikǒu]	접 입을 열다, 말을 하다

예) 他想开口说话, 可又说不出来。

▪ 二手	[èrshǒu]	명 중고

예) 新车太贵了, 决定买辆二手车。

▪ 逛	[guàng]	동 돌아다니다, 구경하다

예) 每个周末我们都会骑车出去逛逛。

▪ 竟然	[jìngrán]	부 뜻밖에도, 의외로, 놀랍게도

예) 昨天我去找他, 他竟然不在家。

▪ 一模一样	[yìmúyíyàng]	성어 모양이 완전히 같다

예) 他说得跟爸爸一模一样。

▪ 喊	[hǎn]	동 소리치다, 고함치다

예) 妈妈大声喊道: “住手！”

▪ 小偷	[xiǎotōu]	명 도둑

예) 这个地区小偷非常多。

▪ 聚集	[jùjí]	동 한데 모이다

예) 市场里聚集着很多人。

▪ 紧紧	[jǐnjǐn]	부 단단히

예) 他紧紧地抓住我, 不放手。

▪ 抓	[zhuā]	동 붙잡다, 꽉 쥐다

예) 警察昨天抓到了一个小偷。

▪ 胳膊	[gēbo]	명 (신체기관) 팔

예) 昨天运动了, 胳膊很疼。

▪ 老板	[lǎobǎn]	명 (상점의)주인

예) 他是咖啡店的老板。

▪ 着急	[zháojí]	동 조급해하다

예) 不要着急, 慢慢来！

▪ 曾	[céng]	부 일찍이, 이전에 (=曾经)

예) 我曾来过北京。

본문 독해 _ 朋友和我的自行车

■ 문장에서 중심 술어를 찾으면서 읽어보세요.

我有一个朋友。他比我小一岁，个子比我矮，脸
Wǒ yǒu yí ge péngyǒu Tā bǐ wǒ xiǎo yī suì gè zi bǐ wǒ ǎi liǎn

和我一样瘦瘦的，眼睛细小，笑起来像两个小月牙。
hé wǒ yí yàngshòu shòu de yǎn jing xì xiǎo xiào qi lai xiàng liǎng ge xiǎo yuè yá

他的声音很独特，只要他开口，连在五里以外的人都
Tā de shēng yīn hěn dú tè zhǐ yào tā kāi kǒu lián zài wǔ lǐ yǐ wài de rén dōu

能听见他那又高又细的声音。
néng tīng jiàn tā nà yòu gāo yòu xì de shēng yīn

有一天，我买了一辆二手自行车，刚骑车逛了几
Yǒu yì tiān wǒ mǎi le yí liàng èr shǒu zì xíng chē gāng qí chē guàng le jǐ

圈，就听见有人在喊抓小偷。原来那天我朋友的自行
quān jiù tīng jiàn yǒu rén zài hǎn zhuā xiǎo tōu Yuán lái nà tiān wǒ péngyǒu de zì xíng

车被偷了。他在远处看见了自行车发现，竟然和他那
chē bèi tōu le Tā zài yuǎn chù kàn jiàn le zì xíng chē fāxiàn jìng rán hé tā nà

辆被偷的车一模一样，就一边跑，一边喊：“小偷啊，
liàng bèi tōu de chē yì mú yí yàng jiù yì biān pǎo yì biān hǎn Xiǎo tōu a

抓小偷！他偷走了我的自行车！”周围的人听见他的声
zhuā xiǎo tōu Tā tōu zǒu le wǒ de zì xíng chē Zhōu wéi de rén tīng jiàn tā de shēng

音，都向我聚集过来。突然有人紧紧地抓住了我的胳
yīn dōu xiàng wǒ jù jí guo lai Tū rán yǒu rén jǐn jǐn de zhuā zhù le wǒ de gē

膊，原来是卖给我自行车的那位老板，他着急地说：
bo yuán lái shì mài gěi wǒ zì xíng chē de nà wèi lǎo bǎn tā zháo jí de shuō

“跑！”那时我想起曾听过有些坏人偷了自行车再卖给别
Pǎo Nà shí wǒ xiǎng qi céng tīng guo yǒu xiē huài rén tōu le zì xíng chē zài mài gěi bié

人的事。我的朋友快到我身边了，我紧紧地抓住老板
rén de shì Wǒ de péng yǒu kuài dào wǒ shēn biān le wǒ jǐn jǐn de zhuā zhù lǎo bǎn

的胳膊，对他说："老板，你选错人了，你偷的是我朋友
de gē bo duì tā shuō Lǎo bǎn nǐ xuǎn cuò rén le nǐ tōu de shì wǒ péng yǒu

的自行车！"
de zì xíng chē

독해시간 : 2분 10초 (320자)

문법 도우미

비교문(比较句)이란?

둘 이상의 사물을 견주어 서로 간의 성질과 상태의 유사점 또는 차이점을 나타내는 문형이다.

▣ 기본 문형

1) 동등비교

사람 또는 사물 사이의 유사함이나 동등한 정도를 나타낸다.

A + 跟/和 + B + 一样 + 술어(형용사/동사)

'A'는 'B'와 같다. 또는 'A'는 'B'와 같이 '~ 하다'

예) (他的)脸和我(的脸)一样瘦瘦的。

2) 차등비교

사람 또는 사물의 서로 다른 성질이나 정도의 차이를 나타낸다.

A + 比 + B + 술어(형용사/동사) + (구체적인 차이)

'A'는 'B'보다 '~하다'

예) 他比我小一岁，个子比我矮。

참고)
'술어(형용사/동사)' 앞에
'更'이나 '还'를 쓸 수 있다.

▣ 비교문의 부정 형식(아래 형식 가운데 주로 ①로 쓴다.)

① A + 没有 + B + 술어(형용사/동사): A와 B는 확실한 차이가 있음. (A<B)

② A + 不比 + B + 술어(형용사/동사): A와 B는 큰 차이 없이 비슷함. (A≦B)

예) 首尔没有北京冷。　　　国产商品不比进口商品差。

결과보어(结果补语)란?

앞 동사의 동작의 결과가 어떻게 되었는지를 보충 설명하는 문장성분을 '결과보어'라고 한다.

▣ 기본 문형

술어 (동사의 동작) + **결과보어** (동작의 결과) + (목적어)

예) 连在五里以外的人都能**听**见他那又高又细的嗓音。

"老板，你**选**错人了!"

◐ 대표적인 결과보어의 형식 ◑

동사 +

[见]: 앞 동사의 동작 결과 확실하게 인식하고 '느끼게 되다'는 의미.

예) 你看见李老师了吗?

[到]: 앞 동사의 동작 결과 어떤 목적을 달성하거나 특정목적지에 도달한다는 의미.

예) 你的来信刚收到。

[完]: 앞 동사의 동작을 끝까지 마쳤음을 나타내는 의미.

예) 我每天写完日记后睡觉。

[走]: 앞 동사의 동작 결과 원래 위치에서 '떠나다' 또는 '가버리다'는 의미.

예) 他偷走了我的自行车!

[住]: 앞 동사의 동작의 결과 사람이나 사물의 위치를 '견고하게 하다', '멈추다'는 의미.

예) 突然有人紧紧地抓住了我的胳膊。

[好]: 앞 동사의 동작이 원만하게 끝났음을 나타내는 의미.

예) 爸爸把所有的工具都修理好了。

[掉]: 앞 동사의 동작 결과 '조금도 남지 않음' 또는 '사라짐'을 나타내는 의미.

예)我把垃圾扔掉了。

문형 도우미

■ 连 A, 都/也 B : A 조차도 B 하다.

예) ① 连在五里以外的人都能听见他那又高又细的声音。
(A: 在五里以外的人, B: 能听见他那又高又细的声音)

② 在釜山住了一年了，可我连海云台都没去过。
(A: 海云台, B: 没去过)

문형연습) 连________都________。

■ 又 A 又 B : A 하기도 하고, B 하기도 하다.

⇨ 두 가지 이상의 상황이나 성질이 동시에 존재함을 나타냄.

예) ① 她的声音又细又好听。
(A: 细, B: 好听)

② 妈妈又上班，又做家务，太辛苦了。
(A: 上班, B: 做家务)

참고)
A와 B에는 형용사나 '동사+목적어'를 쓴다.

문형연습) ______又______又______。

■ 一边 A 一边 B : 한편으로 A 하면서 또 한편으로는 B 하다.

⇨ 두 가지 동작이 동시에 진행됨을 나타냄.

예) ① 一边跑，一边喊："小偷啊！"
(A: 跑, B: 喊)

참고)
A와 B에는 주로 동사나 동사구를 쓴다.

② 他们一边喝咖啡一边聊天。
(A: 喝咖啡, B: 聊天)

문형연습) 一边________一边________。

본문 확인 문제

■ 본문을 읽고 다음 질문에 답해보세요.

一. 根据文章内容跟"他"的外貌无关的是(　)

1. 个子矮　　2. 胖

3. 眼睛细　　4. 眼睛小

二. "小月牙"的意思是(　)

1. 指甲　　2. 月亮

3. 笑的眼睛　　4. 牙齿

三. "他"为什么一边跑，一边喊？

因为____________，所以____________。

四. 根据上面的内容，判断对错。(O/X)

1. 我的朋友个子和我一样高。(　)
2. 我偷了朋友的自行车。(　)
3. 朋友的声音很有特色。(　)
4. 老板卖给我的是朋友的自行车。(　)

쉬엄쉬엄
성어한마디

每天一句成语

"形影不离" [xíngyǐngbùlí]

⇨ 형체와 그림자처럼 떨어지지 않다.
대단히 사이가 좋아 늘 붙어 있다. (언제나 같이 있다.)

예문) 他俩曾是形影不离的好朋友。

독해 더하기_1

在中国下列9种二手汽车是禁止交易的：

1. 已办理了报废手续的各类机动车；
2. 虽未办理报废手续，但已达到报废标准或在1年时间内将报废的各类机动车；
3. 未经安全检测和质量检测的各类机动车；
4. 证件手续不齐全的各类旧机动车；
5. 各种盗窃车、走私车；
6. 各种非法拼装车、组装车；
7. 国家法律、法规禁止进入经营领域的其他各类机动车。

◐ 단어도우미 ◑

▪ 禁止	[jìnzhǐ]	동 금지하다
▪ 办理	[bànlǐ]	동 처리하다, 취급하다
▪ 报废	[bàofèi]	동 폐기처분하다, 폐기 신고하다
▪ 手续	[shǒuxù]	명 수속, 절차
▪ 机动车	[jīdòngchē]	명 자동차 (동력 엔진 차량)
▪ 标准	[biāozhǔn]	명 기준, 표준
▪ 检测	[jiǎncè]	동 검사하다, 측정하다
▪ 证件	[zhèngjiàn]	명 증서, 증명서

▪ 齐全	[qíquán]	동 완전히 갖추다, 완비하다
▪ 盗窃	[dàoqiè]	동 도둑질하다, 절도하다
▪ 走私	[zǒusī]	동 밀수하다
▪ 拼装	[pīnzhuāng]	동 한데 모아서 설치하다
▪ 组装	[zǔzhuāng]	동 조립하다
▪ 法律	[fǎlǜ]	명 법률
▪ 法规	[fǎguī]	명 법규
▪ 经营	[jīngyíng]	동 경영하다, 운영하다

问答) 根据上面的内容，判断对错。(O/X)

1. 已办理实名登记的各类机动车不能交易。 ( )
2. 偷来的机动车不能交易。 ( )
3. 在中国可以驾驶右方向盘的旧机动车。 ( )
4. 通过安全检测和质量检测的各类机动车可以交易。( )

독해 더하기_2

在中国古代，女孩子的房间叫闺房，如果她的女性朋友找她聊天，就在她的闺房里聊，所以称她们为“闺中密友”，简称“闺密”。现在“闺密”是指关系亲密、无话不谈的女性朋友。

◐ 단어도우미 ◑

▪ 闺房	[guīfáng]	명 규방 (부녀자가 거처하는 방)
▪ 简称	[jiǎnchēng]	동 약칭하다
▪ 闺密	[guīmì]	명 (여자끼리 아주 가까운) 단짝 친구
▪ 亲密	[qīnmì]	형 친밀하다, 사이가 좋다
▪ 无话不谈	[wúhuàbùtán]	성어 무슨 말이든지 다하다, 하지 않는 말이 없다

问答) 根据上面的内容，判断对错。(O/X)

1. 在中国古代女孩子都在闺房见朋友。( )
2. 男性朋友也可以称为闺密。( )
3. 闺密之间的关系特别好。( )

단어 확인 노트

■ 독해 더하기 1, 2에서 학습한 단어를 복습해보세요.

选词填空

亲密 办理 经营 证件 法律 齐全 手续 禁止 无话不谈 检测

1. 我住在一个四人间里，刚来时有三张陌生(mòshēng 낯설다)的面孔(miànkǒng 얼굴, 표정)，现在我们成了四个(　　　)的好朋友。

2. 毕业回国之前一系列(yí xì liè 일련의)(　　)需要提前(tí qián 앞당기다)(　　)。

3. 他现在(　　)一家专门进口(zhuānmén jìnkǒu 전문적으로 수입하다)欧洲家具的公司。

4. 这家商店的商品给人的印象(yìnxiàng 인상)是品种(　　)、应有尽有(yīng yǒu jìn yǒu 있어야 할 것은 모두 갖추어져 있다 (없는 것이 없다))。

5. 这个机器(jī qì 기계)现在还不能使用，还要进行定期(dìng qī 정기적인(정기의))(　　)。

중국 문화 엿보기

단짝친구? 어떻게 부를까?

중국어로 친구는 '朋友'라고 부릅니다. 또 친한 친구는 '好朋友'라고 말합니다. 여자들끼리 단짝 친구 사이는 '闺密'[guīmì]라는 단어를 사용하기도 합니다.

그렇다면 '男闺密'라는 단어는 사용 할 수 없을까요?

'闺密' 앞에 '男'을 붙인 이 단어는 여자의 친한 이성 친구를 부를 때 사용합니다. 한국어의 '남.사.친' 정도의 의미로 이해할 수 있습니다. 단, 정말 친하고 마음을 나눌 수 있는 순수한 친구 사이일 때만 이렇게 부릅니다.

그럼 남자들끼리 아주 친한 친구 사이는 뭐라고 부를까요?

바로 '铁哥们儿' [tiěgēmenr]이라고 부릅니다. 중국어에서 종종 "我跟他很铁!"라는 말을 사용합니다. 이 말의 뜻은 "난 그와 아주 친한 사이야!"라는 말입니다. 이는 중국어에서 끈끈한 우정의 관계를 단단한 '철(铁)'에 비유하여 이야기 한 것입니다. 여기에 형제라는 뜻을 가진 '哥们儿'을 붙이면 정말 친하고 믿을 만한 남성 친구 사이를 뜻하는 말인 '铁哥们儿'이 됩니다.

중국어에는 또 한 가지 친구와 관련된 재미있는 표현으로 '发小儿' [fàxiǎor]가 있습니다. 이 표현은 어린 시절부터 같이 자라고 많은 것들을 함께 공유한 소꿉친구를 뜻하는 말입니다.

MEMO

제5과

蜗牛的小房子

문법 도우미
- 정도보어
- 방향보어

문형 도우미
- 无论 A, 都 B
- 如果 A, ~ 就 B

단어 도우미

단어	병음	뜻
▪ 蜗牛	[wōniú]	명 달팽이

예) 像蜗牛一样迟缓。

단어	병음	뜻
▪ 伤害	[shānghài]	동 손상시키다, 다치게 하다

예) 我们不能伤害别人的自尊心。

단어	병음	뜻
▪ 幸好	[xìnghǎo]	부 다행히, 운 좋게

예) 小红今天不在家, 幸好我没去。

단어	병음	뜻
▪ 螺旋形	[luóxuánxíng]	명 나선형

예) 小明家的楼梯是螺旋形的。

단어	병음	뜻
▪ 硬壳	[yìngké]	명 단단한 껍질

예) 乌龟背部有硬壳。

단어	병음	뜻
▪ 背	[bēi]	동 짊어지다, 업다

예) 我的脚伤了, 朋友背我回家。

단어	병음	뜻
▪ 背	[bèi]	명 (신체기관) 등

예) 今天工作很累, 我的背很疼。

단어	병음	뜻
▪ 用途	[yòngtú]	명 용도

예) 剪子的用途很多, 可以剪纸, 也可以剪布。

단어	병음	뜻
▪ 惊吓	[jīngxià]	동 놀라다, 두려워하다

예) 丽丽在那次车祸中受到了惊吓。

단어	병음	뜻
▪ 连 a 带 b	[lián～dài～]	a 에서 b 까지

예) 连老带小一共去了二十三个。

단어	병음	뜻
▪ 立刻	[lìkè]	명 즉시, 바로

예) 他建议你立刻离开这儿。

▪ 缩	[suō]	동 움츠리다, 수축하다

예) 乌龟可以把头缩在龟壳里。

▪ 躲	[duǒ]	동 숨다, 피하다

예) 孩子躲在房间里不出来。

▪ 心肺	[xīnfèi]	명 심장과 폐(심폐)

예) 体育训练可以增加心肺功能。

▪ 器官	[qìguān]	명 (생물의) 기관

예) 心脏是人体的供能器官。

▪ 封闭	[fēngbì]	동 봉인하다, 폐쇄하다

예) 这条道路今天临时封闭了。

▪ 抗寒	[kànghán]	동 방한하다, 추위를 막다

예) 冷天喝点高粱酒能抗寒。

▪ 破损	[pòsǔn]	동 파손되다, 손상되다

예) 这张桌子破损得很严重, 不能用了。

▪ 沉重	[chénzhòng]	형 몹시 무겁다

예) 她的心情很沉重。

▪ 缓慢	[huǎnmàn]	형 느리다, 더디다

예) 他是个走路很缓慢的人。

▪ 迟缓	[chíhuǎn]	형 굼뜨다, 느리다

예) 他原来并不像现在这样动作迟缓。

본문 독해 _ 蜗牛的小房子

■ 문장에서 중심 술어를 찾으면서 읽어보세요.

蜗牛是一种软软的小动物，很容易受到伤害，幸
Wō niú shì yì zhǒng ruǎn ruǎn de xiǎo dòng wù hěn róng yì shòu dào shāng hài xìng

好它们有螺旋形的硬壳，像一座小房子一样保护着它
hǎo tā men yǒu luó xuán xíng de yìng ké xiàng yí zuò xiǎo fáng zi yí yàng bǎo hù zhe tā

们。蜗牛无论走到哪里，都会把房子背在背上。这座
men Wō niú wú lùn zǒu dào nǎ li dōu huì bǎ fáng zi bēi zài bèi shang Zhè zuò

小房子的用途可大了。蜗牛受到惊吓或遇到危险时，就
xiǎo fáng zi de yòng tú kě dà le Wō niú shòu dao jīngxià huò yù dào wēixiǎn shí jiù

会连头带尾立刻缩进房子里躲**起来**。不仅如此，蜗牛
huì lián tóu dài wěi lì kè suō jìn fáng zi li duǒ qi lai Bù jǐn rú cǐ wō niú

的心肺和所有重要的器官都在这里面。到了秋天，蜗
de xīn fèi hé suǒ yǒu zhòng yào de qì guān dōu zài zhè lǐ miàn Dào le qiū tiān wō

牛就会躲到安全的地方，把壳口封闭**起来**，并且尽量
niú jiù huì duǒ dào ān quán de dì fang bǎ ké kǒu fēng bì qi lai bìng qiě jǐn liàng

把壳加厚，为过冬做好抗寒准备。蜗牛壳对蜗牛来说
bǎ ké jiā hòu wèi guò dōng zuò hǎo kàng hán zhǔn bèi Wō niú ké duì wō niú lái shuō

非常重要，如果破损**得很厉害**，蜗牛就会慢慢死掉。
fēi cháng zhòng yào rú guǒ pò sǔn de hěn lì hai wō niú jiù huì mànmān sǐ diào

蜗牛背着沉重的小房子，爬**得很慢**。因此，在中
Wō niú bēi zhe chén zhòng de xiǎo fáng zi pá de hěn màn Yīn cǐ zài Zhōng

国文化中，蜗牛象征缓慢和落后，遇到行动迟缓的人，
guó wén huà zhong wō niú xiàng zhēng huǎn màn hé luò hòu yù dào xíng dòng chí huǎn de rén

人们会说他像蜗牛一样慢。
rén men huì shuō tā xiàng wō niú yí yàng màn

독해시간 : 1분 30초 (216자)

문법 도우미

정도보어(程度补语)란?

형용사나 동사의 뒤에 위치하여 동작이나 상태가 도달한 정도가 매우 높음을 보충 설명한다.

▣ **기본 문형** :

① 술어 + 得 + 보어 (형용사 또는 '정도부사 + 형용사')
술어 + 得 + 보어 (很/慌/多/不得了/要命/要死 등)
② 술어 + 보어 (极了/透了/死了/坏了 등)

예) 如果破损得很厉害，蜗牛就会慢慢死掉。
这几天加班到很晚，累得要命。

▣ **부정 형식** :

술어 + 得 + 不 + 보어

예) 你唱得好，但是小王唱得不好。
他跑步跑得不快。
衣服洗得不干净。

방향보어(趋向补语)란?

동사의 뒤에 위치하여 동작이나 상황의 진행 방향을 보충 설명한다.

▣ 기본 문형 :

1) 단순방향보어 (단음절로 구성)

술어 (동사) + 보어 (上/下/进/出/回/过/起) + (일반 목적어)
술어 (동사) + (장소 목적어) + (来/去)
단, 일반 목적어는 경우에 따라 来/去의 앞 또는 뒤에 올 수 있음.

예) 王老师常常**到**北京去。

2) 복합방향보어 (이음절로 구성, '단순방향보어 + 来/去')

동사 + 복합방향보어 + (일반 목적어)
동사 + 방향보어$_1$ + (일반 목적어/장소 목적어) + 방향보어$_2$

	进	出	上	下	回	过	起
来 去	进来 进去	出来 出去	上来 上去	下来 下去	回来 回去	过来 过去	起来 -

예) 周围的人听见他的声音，都向我**聚集**过来。
从房间里**搬**出一把椅子来。
她从房间里**搬**出来一把椅子。
他们很高兴地**走**上楼去。

참고)
'동사 + 起来'는 동작/상황이 시작되어 계속되는 상태를 표시한다. 또한 '~하기 시작하다', '~하기에 어떠하다'라는 의미를 나타낸다.
예) 说起来容易，做起来难。
我高兴地欢呼起来。

문형 도우미

■ 无论 **A,** 都 **B : A에도 불구하고(관계없이) B 하다.**

예) ① 蜗牛无论走到哪里(A)，都会把房子背在背上(B)。

② 这个菜无论老少(A)都很喜欢吃(B)。

문형연습) 无论________都________。

■ 如果 **A, ~** 就 **B : 만약 A라면 B 하다.**

예) ① 如果破损得很厉害(A)，蜗牛就会慢慢死掉(B)。

② 如果没有茶(A)，可能就不会有"茶马古道"(B)。

문형연습) 如果________就________。

■ **A** 像 **B** 一样 **~ : A는 마치 B와 같이 ~ 하다.**

예) ① 遇到行动迟缓的人，人们会说他(A)像蜗牛(B)一样慢。

② 烟酒糖茶(A)像油盐酱醋(B)一样普通。

문형연습) ________像________一样________。

본문 확인 문제

- 본문을 읽고 다음 질문에 답해보세요.

一. 根据上面的内容，判断对错。(O/X)

1. 蜗牛的壳破损了也没关系。 ( )
2. 蜗牛身上的重要器官都在硬壳里面。 ( )
3. 秋天蜗牛要做好抗寒准备。 ( )

二. 翻译以下句子。

1. 无论遇到什么困难, 我们都不能放弃理想。

____

2. 今天他中了彩票，高兴得很。

____

三. 在下列词语中选择适当的图形。

三角形	四角形	圆形	星形	心形	螺旋形

(　　　), (　　　), (　　　), (　　　), (　　　), (　　　)

쉬엄쉬엄 성어한마디

每天一句成语

“家徒四壁” [jiātúsìbì]

⇨ 집안에는 사방에 벽 밖에 없다.
가난하고 가진 것이 아무것도 없다.

예문) 父亲因病去世后，家里早已是家徒四壁了，而且外面欠了很多外债没有还。

◐ 단어도우미 ◑

▪ 欠	[qiàn]	동 빚지다, 부채가 있다, 빌리고 갚지 않다
▪ 外债	[wàizhài]	명 외채, 빚

독해 더하기_1

　　未来的房子是什么样的呢？未来的房子形状是可以随着四季的轮回，呈现出不同季节特点的房子。比如：春天变成像百花盛开一样的房子；夏天变成像水底世界一样的房子；秋天变成硕果累累的房子；冬天会变成白雪皑皑的房子。未来的房子还可以变大变小，变高变矮。比如：我们小时候，房子矮矮的；等我们长大了，房子就变得高高的。如果去远方旅行，房子就能变的好小好小，小的都可以装进你的箱子里，跟随你去世界的任何一个地方。这样无论你在哪里，家就在那里。这就是我设计的未来的房子，你们觉得怎么样呢？

◐ 단어도우미 ◑

▪ 未来	[wèilái]	명 미래
▪ 形状	[xíngzhuàng]	명 형상, 외관
▪ 轮回	[lúnhuí]	동 순환하다
▪ 呈现	[chéngxiàn]	동 나타내다, 나타나다
▪ 季节	[jìjié]	명 계절
▪ 百花	[bǎihuā]	명 온갖 꽃, 모든 꽃
▪ 盛开	[shèngkāi]	동 (꽃이) 만발하다, 활짝 피다

▪ 水底	[shuǐdǐ]	명 수저 (물밑)
▪ 硕果	[shuòguǒ]	명 커다란 열매, 큰 과실
▪ 累累	[lěilěi]	형 주렁주렁하다
▪ 白雪	[báixuě]	명 백설, 흰 눈
▪ 皑皑	[ái'ái]	형 새하얗다
▪ 跟随	[gēnsuí]	동 뒤따르다, 따라가다
▪ 设计	[shèjì]	동 설계하다, 디자인하다

问答) 我设计的未来的房子有哪些特点?

독해 더하기_2

“蜗居”一词最早指的是屋子的形状而不是大小。但后来渐渐成了“屋子窄小”的代名词。清代小说《豆棚闲话》中写到一位老人拒绝了请求留宿的人，原因就是“屋宇蜗小，不敢相留，须往前村二三十里方有歇店”。“蜗居”窄小不能容纳多人，成为不愿留人住宿的绝好理由。

◐ 단어도우미 ◑

▪ 蜗居	[wōjū]	명 작은 집, 누추한 집
▪ 渐渐	[jiànjiàn]	부 점점, 점차
▪《豆棚闲话》	[dòupéngxiánhuà]	명 청대 단편소설 (작자필명 : ‘艾衲’, 실명 미상) [참고] ‘闲话’는 잡담, 한담의 의미
▪ 拒绝	[jùjué]	동 거절하다
▪ 请求	[qǐngqiú]	동 부탁하다
▪ 留宿	[liúsù]	명 남의 집에서 묵음
▪ 屋宇	[wūyǔ]	명 집, 가옥
▪ 不敢	[bùgǎn]	동 감히 ~하지 못하다
▪ 歇店	[xiēdiàn]	명 규모가 작은 여관(지금의 客店, 旅舍 등과 유사함)
▪ 容纳	[róngnà]	동 수용하다
▪ 绝好	[juéhǎo]	형 절호의(아주 좋다)

问答) 根据上面的内容回答问题。

1. “蜗居”一词最早指的是什么？
2. 哪本书中写了一位老人拒绝了请求留宿的人?
3. 不愿留人住宿的绝好理由是什么?

단어 확인 노트

- 독해 더하기 1, 2에서 학습한 단어를 복습해보세요.

选词填空

容纳　跟随　渐渐　形状　盛开　呈现　不敢　设计　请求　拒绝

1. 大家每次有急事都来叫我，我不好(　　)。

2. 这是一架小飞机，仅仅(jǐnjǐn, 단지, 겨우)能(　　)三十位旅客。

3. 他们(　　)乐队(yuè duì, 악대, 악단)巡回(xún huí, 순회하다)演出已经三年了。

4. 她露出(lòu chū, 드러내다, 나타내다)了笑容，脸上(　　)出一对酒窝(jiǔ wō, 보조개)。

5. 在周围邻居(lín jū, 이웃)的帮助下，他们(　　)习惯了国外的新生活。

중국 문화 엿보기

중국 전통가옥

北京四合院 (북경사합원)

bĕi jīng sì hé yuàn

중국북부지역의 대표적인 가옥은 북경사합원이다. 사합원은 겨울철 추위를 막기위해 정문은 남쪽을 향하고, 사면에 집을 지어 평면으로 보면 사각형이다. 기록에 따르면 원나라 때부터 북경에 전통 사합원들이 대규모로 형성되기 시작해서 명·청나라를 거쳐 현재의 모습을 갖춘 전통 가옥으로 발전하게 되었다. 양쪽이 대칭되고, 네모 반듯한 형태가 사합원의 독특한 특징이다.

黄土窑洞 (황토요동)

huáng tǔ yáo dòng

황하강 중류에 걸쳐 넓게 분포된 황토고원 지대에서 주로 볼 수 있는 주택 형태이다.

요동은 '도자기를 굽는 아치 형태의 가마' 또는 '토굴 모양으로 지어진 집'이라는 뜻이다. 시베리아의 세찬 바람에 실려온 황토가 쌓여 만들어진 황토고원지대는 강수량이 적고 건조하며, 일교차가 심한 기후 특징을 가지고 있기 때문에 이러한 환경에 적응하기 위해 단단한 황토에 구멍을 파서 집을 짓고 살게 되었는데 이것이 바로 요동이다.

客家土楼 (객가토루)

kè jiā tǔ lóu

복건성 등지의 산악지역에서 주로 보이는 주거 형태로 12세기에 중국 남부로 이주해 온 객가인(客家人)들에 의해 지어졌다. 외부인의 공격에 대응하기 위해 폐쇄적으로 만든 공동 주택으로 현대의 아파트와 비교되기도 한다. 복건성 토루는 2008년 유네스코 세계문화유산으로 지정되었다.

제6과

有趣的杂技

문법 도우미 • 연동문

문형 도우미 • 只要 A, (就) B

• 既 A, 又 B

단어 도우미

▪ 马戏团	[mǎxìtuán]	명 (예술) 곡예

예) 马戏团是进行马戏表演的团体组织。

▪ 杂技	[zájì]	명 잡기, 서커스

예) 精彩的杂技表演让人眼花缭乱。

▪ 表演	[biǎoyǎn]	명 공연, 상연

예) 歌舞团的表演非常精彩。

▪ 狮子	[shīzi]	명 사자

예) 在自然界，狮子是森林之王。

▪ 钻	[zuān]	동 뚫다, (뚫고) 지나가다

예) 钻入地洞的猎狗无法出来。

▪ 火圈	[huǒquān]	동 불 고리

예) 工作人员对警犬进行穿越火圈的训练。

▪ 灵活	[línghuó]	형 민첩하다, 재빠르다 (동작의 민첩)

예) 消防队员的手脚很灵活。

▪ 激动	[jīdòng]	동 감격하다, 흥분하다

예) 妈妈看孩子演出激动得泪流满面。

▪ 猴子	[hóuzi]	명 원숭이

예) 猴子喜欢吃香蕉。

▪ 机灵	[jīling]	형 영리하다, 약삭빠르다 (사고의 민첩, '聪明'의 의미)

예) 他是一个机灵的小伙子。

▪ 滑稽	[huājī]	형 익살맞다, 익살스럽다

예) 他的表情很滑稽。

▪ 惹得	[rěde]	동 야기시키다, 불러일으키다

예) 我弟弟有时候惹得我恼火。

▪ 钢丝	[gāngsī]	명 강철의 철사

예) 杂技演员正在走钢丝。

▪ 狗熊	[gǒuxióng]	명 작은 곰, 검은 곰

예) 狗熊是国家一级保护动物。

▪ 翻跟头	[fāngēntou]	명 공중회전

예) 跳水运动员在进水之前需要翻跟头。

▪ 鹦鹉	[yīngwǔ]	명 앵무새

예) 妈妈送给了我一对鹦鹉。

▪ 叼	[diāo]	동 입에 물다

예) 猫叼着鱼跑了。

▪ 举	[jǔ]	동 들어 올리다

예) 我举双手赞成。

▪ 驯兽师	[xùnshòushī]	명 조련사

예) 驯兽师让这只狮子从铁环中跳过去。

▪ 训练	[xùnliàn]	동 훈련하다

예) 为了提高部队水平, 开展了夏季强化训练。

본문 독해 _ 有趣的杂技

■ 문장에서 중심 술어를 찾으면서 읽어보세요.

昨天，爸爸妈妈带我去马戏团看了一场动物杂技
Zuó tiān bà ba mā ma dài wǒ qù mǎ xì tuán kàn le yì chǎng dòng wù zá jì

表演，有趣极了。第一个节目是狮子钻火圈，大大的狮
biǎo yǎn yǒu qù jí le Dì yī gè jié mù shì shī zi zuān huǒ quān dà dà de shī

子在火圈中灵活地钻来钻去，让人既紧张又激动。接
zi zài huǒ quān zhōng líng huó de zuān lái zuān qù ràng rén jì jǐn zhāng yòu jī dòng Jiē

下来的节目是猴子跳舞，机灵的小猴子在舞台上做出
xia lai de jié mù shì hóu zi tiào wǔ jī ling de xiǎo hóu zi zài wǔ tái shang zuò chu

各种滑稽的动作，还跳了一段舞，惹得观众们哈哈大
gè zhǒng huá jī de dòng zuò hái tiào le yí duàn wǔ rě de guān zhòng men hā hā dà

笑。除此之外，还有山羊走钢丝、小狗骑自行车、狗
xiào Chú cǐ zhī wài hái yǒu shān yáng zǒu gāng sī xiǎo gǒu qí zì xíng chē gǒu

熊翻跟头等很多好玩儿的节目。最后的节目是鹦鹉叼
xióng fān gēn tou děng hěn duō hǎo wánr de jié mù Zuì hòu de jié mù shì yīng wǔ diāo

钱，只要观众手里举着钱，鹦鹉就会飞过来，把钱叼
qián zhǐ yào guān zhòng shǒu li jǔ zhe qián yīng wǔ jiù huì fēi guo lai bǎ qián diāo

走，送给主人，真是一只聪明的鹦鹉啊！它的主人可
zǒu sòng gěi zhǔ rén zhēn shì yì zhī cōng míng de yīng wǔ a tā de zhǔ rén kě

要发财了。长大后，我真想当一名驯兽师，也能训练
yào fā cái le Zhǎng dà hòu wǒ zhēn xiǎng dāng yì míng xùn shòu shī yě néng xùn liàn

出这么聪明可爱的动物。
chu zhè me cōng míng kě ài de dòng wù

독해시간 : 1분 30초 (245자)

문법 도우미

연동문(连动句)이란?

하나의 주어에 두 개 이상의 동사가 사용되어 앞뒤 동작이 순차적으로 이루어지는 상황을 나타내는 문형이다. 기본 문형 외에도 동사$_1$ + '着'+ 동사$_2$의 형태로 쓰기도 한다.

▣ 기본 문형 :

주어 + **동사**$_1$ + (목적어$_1$) + **동사**$_2$ + (목적어$_2$)

예) 爸爸妈妈带我去马戏团看了一场动物杂技表演。

[동작$_1$ + 동작$_2$: 순차적 발생]

刘大夫打电话叫车。**[방식/수단 + 동작/행위]**

我每天去她家玩儿。**[동작/행위 + 목적]**

我打开窗户看见一条长长的彩带挂在空中。

(我们) 捧着手机刷微博、看微信、聊天、玩游戏、看小说。

문형 도우미

■ 只要 **A, (就) B : A 하기만 하면 B 하다.**

('A'의 조건 충족 시, 바로 'B'의 결과가 나타남을 표현)

예) ① 只要观众手里举着钱，鹦鹉就会飞过来，把钱叼走，送给主人。
(A: 观众手里举着钱 / B: 鹦鹉 … 会飞过来，把钱叼走，送给主人)

② 只要他开口，连在五里以外的人都能听见他那又高又细的嗓音。
(A: 他开口 / B: 连在五里以外的人都能听见他那又高又细的嗓音)

문형연습) 只要＿＿＿＿＿，就＿＿＿＿＿。

■ 既 **A, 又 B : A 할 뿐만 아니라 B 하다.**

예) ① 大大的狮子在火圈中灵活地钻来钻去，让人既紧张又激动。
(A: 紧张 / B: 激动)

② 树木既能绿化环境，又能制造出新鲜空气。
(A: 能绿化环境 / B: 能制造出新鲜空气)

문형연습) ＿＿＿＿既＿＿＿＿，又＿＿＿＿。

본문 확인 문제

■ 본문을 읽고 다음 질문에 답해보세요.

一. 根据上面的内容回答问题。

1. 昨天, 我跟爸妈一起去马戏团看了几种表演?
2. 我看完表演之后想将来当什么?

二. 判断下列选项对错 (O/X)

1. 节目中, 大大的狮子跳了火圈。 ( )
2. 小猴子做出的动作惹得观众们大笑。 ( )
3. 最后出来的动物是一只鹦鹉。 ( )
4. 鸽子叼走了观众手里的钱。 ( )

三. 将下列词语填入相应的位置。

滑稽　机灵　激动

1. 大大的狮子在火圈中灵活地钻来钻去, 让人既紧张又( )。
2. 接下来的节目是猴子跳舞, ( )的小猴子在舞台上做出各种( )的动作。

四. 结合课文，选择错误的一项。（ ）

1. 我喜欢看杂技表演。

2. 节目开始狮子在舞台上走钢丝。

3. 猴子们在舞台上跳了舞蹈。

4. 鹦鹉飞到爸爸的肩膀上。

쉬엄쉬엄 성어한마디

每天一句成语

"惊险刺激" [jīngxiǎncìjī]

⇨ 아슬아슬하거나 위태위태함을 나타낸다.

예문) 这是一场惊险刺激的奇幻魔术舞台剧。

◐ 단어도우미 ◑

▪ 奇幻	[qíhuàn]	형 기이하고 환상적이다, 진기하다
▪ 魔术	[móshù]	명 마술

독해 더하기_1

中国艺术极其丰富并且辉煌，包括绘画、书法、音乐、舞蹈、戏曲、园林、建筑、雕塑、工艺美术、传统美食等等，都有着几千年的积累，都有着伟大的创造，都透露着五千年文明古国深厚的文化修养。这是中华民族的宝贵财富，也是全人类的宝贵财富。中国传统艺術越来越受到世界人民的喜爱和欣赏，成为人类共同的文化“大餐”。

◐ 단어도우미 ◑

▪ 艺术	[yìshù]	명 예술
▪ 极其	[jíqí]	부 지극히, 매우
▪ 丰富	[fēngfù]	부 풍부하다
▪ 并且	[bìngqiě]	접 그리고, 또한
▪ 辉煌	[huīhuáng]	형 휘황찬란하다, 눈부시다
▪ 包括	[bāokuò]	동 포함하다, 포괄하다
▪ 绘画	[huìhuà]	명 회화, 그림
▪ 书法	[shūfǎ]	명 서예
▪ 戏曲	[xìqǔ]	명 중국 전통극
▪ 园林	[yuánlín]	명 조경, 원림
▪ 建筑	[jiànzhù]	명 건축물

▪ 雕塑	[diāosù]	명 조각
▪ 工艺	[gōngyì]	명 수공예
▪ 传统	[chuántǒng]	명 전통
▪ 美食	[měishí]	명 맛있는 음식
▪ 积累	[jīlěi]	동 쌓이다, 축적하다
▪ 伟大	[wěidà]	형 위대하다
▪ 创造	[chuàngzào]	동 창조하다, 만들다
▪ 透	[tòu]	형 스며들다
▪ 文明	[wénmíng]	명 문명, 문화
▪ 深厚	[shēnhòu]	형 깊고 두텁다
▪ 修养	[xiūyǎng]	명 교양, 수양, 함양
▪ 宝贵	[bǎoguì]	형 귀중하다
▪ 财富	[cáifù]	명 부, 재산, 자원
▪ 欣赏	[xīnshǎng]	동 감상하다
▪ 大餐	[dàcān]	명 성찬 (풍성하게 잘 차린 음식)

问答) 选出错误的一项。(   )

1. 中国艺术很丰富。
2. 中国艺术文化都有几千年的历史。
3. 中国传统艺术是乡村艺术。
4. 中国艺术里有中国特色。

독해 더하기_2

书法是中国传统艺术之一，独具特色。写书法使用的工具是毛笔、墨、纸(宣纸)、砚(石砚)。中国书法起源于汉字。它不仅是一门艺术，同时也像一面镜子，反映出书法家个人的修养、品格、学识和兴趣等，中国有一句话叫“字如其人”，就是这个意思。

◐ 단어도우미 ◑

▪ 独具	[dújù]	동 독자적으로 가지고 있다
▪ 特色	[tèsè]	명 특색, 특징
▪ 工具	[gōngjù]	명 도구, 공구
▪ 毛笔	[máobǐ]	명 붓
▪ 墨	[mò]	명 먹
▪ 宣纸	[xuānzhǐ]	명 화선지
▪ 砚	[yàn]	명 벼루
▪ 起源于	[qǐyuányú]	~에서 기원하다
▪ 不仅	[bùjǐn]	접 ~일 뿐만 아니라
▪ 门	[mén]	양 가지, 과목 (학문, 기술 등의 항목을 세는 양사)
▪ 同时	[tóngshí]	명 동시 (같은 시기)
▪ 面	[miàn]	양 개, 폭 (편평한 물건을 세는 단위)

▪ 镜子	[jìngzi]	명 거울
▪ 反映	[fǎnyìng]	동 반영하다
▪ 修养	[xiūyǎng]	명 수양, 교양
▪ 品格	[pǐngē]	명 성품, 품행, 풍격
▪ 学识	[xuéshí]	명 학식

问答) 小故事的主题是什么？（ ）

1. 中国的传统艺术。
2. 中国的传统绘画。
3. 中国的书法。
4. 中国人的修养。

단어 확인 노트

- 독해 더하기 1, 2에서 학습한 단어를 복습해보세요.

选词填空

辉煌 丰富 创造 特色 积累 同时 包括 欣赏 反映 深厚

1. 他在国外住了几个月，一方面规划(guī huà 계획하다, 기획하다)自己的未来，另一方面( )一些经验。

2. 每月月租费(yuè zū fèi 월세)是26万元，( )水费和电费。

3. 任何(Rèn hé 어떠한)一种文化遗产(yí chǎn 유산)，都是从无到有，从弱到强，是创新(chuàng xīn 새 분야에의 길을 열다(혁신하다))( )的结果。

4. 这篇小说( )了一个时代的特征。

5. 今天为大家带来了她最经典(jīng diǎn 가장 권위 있는 저작)的绘画(huì huà 회화, 그림)作品，一起来( )一下吧。

중국 문화 엿보기

중국의 전통극 戏剧

중국의 전통극은 언어, 동작, 음악, 춤, 무술, 분장 등의 형식을 조합하여 표현한 종합예술입니다. 이러한 전통극은 지방마다 각기 다른 특색을 가지고 있으며, 그 수는 300여 가지가 넘는다고 합니다.

그 중에서도 특히 경극(京剧)은 국극(国剧)으로도 불리며, 유네스코 인류무형문화유산에 선정될 정도로 그 가치가 상당한 문화유산입니다. 영화 패왕별희(霸王别姬)에서도 볼 수 있듯이 높은 고성의 노래와 역사가 짙게 녹아 들어간 대사, 섬세한 동작, 무술적 요소는 중국만의 독특한 예술문화를 잘 보여주며, 또한 화려한 의상과 분장은 경극이 황실의 지원을 바탕으로 크게 발전해 왔다는 것을 잘 나타내고 있습니다. 그 가운데 무대의 소품과 섬세한 얼굴 분장에서 느껴지는 각 인물들의 감정과 특성은 어느 극에서도 느낄 수 없는 중국 전통극의 특징입니다.

MEMO

제7과
如何选对好牛奶?

문법 도우미
- 认为와 以为

문형 도우미
- A 否则 B
- 首先, A 其次, B (最后, C)

단어 도우미

▪ 随着	[suízhe]	동 ~에 따라서

예) 他们随着音乐跳舞。

▪ 增强	[zēngqiáng]	동 증강하다, 강화하다

예) 市场上, 五花八门的食品都宣称它们可以增强免疫力。

▪ 奶制品	[nǎizhìpǐn]	명 유제품

예) 她不能吃奶制品。

▪ 关注	[guānzhù]	동 관심을 가지다, 주시하다

예) 人们都在关注健康。

▪ 五花八门	[wǔhuābāmén]	성어 각양각색, 여러가지

예) 商店里有五花八门的衣服。

▪ 专家	[zhuānjiā]	명 전문가

예) 公司邀请专家开展技术交流会。

▪ 配料	[pèiliào]	명 보조 재료, 배합 원료

예) 这道菜的配料很多。

▪ 营养	[yíngyǎng]	명 영양

예) 好吃的东西不一定营养丰富。

▪ 纯	[chún]	형 순수한, 순정한 (성분이 단일하고 불순물이 없음)

예) 纯橙汁好喝吗?

▪ 所有	[suǒyǒu]	형 모든, 일체의

예) 所有座位都坐满了。

▪ 装	[zhuāng]	동 담다, 채워 넣다

예) 这一个行李箱就能装下100件衣物。

生牛乳	[shēngniúrǔ]	명 생우유, 원유

예) 他只喝生牛乳。

蛋白质	[dànbáizhì]	명 단백질

예) 豆奶的蛋白质含量很高。

含量	[hánliàng]	명 함량

예) 杏仁的蛋白质含量高。

达到	[dádào]	동 달성하다, 도달하다

예) 这三款车已达到了国际水平。

认清	[rènqīng]	동 확실히 인식하다, 똑똑히 알다

예) 你要认清现实。

品牌	[pǐnpái]	명 상표, 브랜드

예) 我们要增强国内品牌的全球竞争力。

◐ 计量单位 (계량 단위) ◑

- 毫升 [háoshēng] 밀리리터(ml)
- 升 [shēng] 리터(l)

⇨ 1 升(l) = 1000 毫升(ml)

- 克 [kè] 그램(g)
- 公斤 [gōngjīn] 킬로그램(kg)

⇨ 1 公斤(kg) = 1000 克(g)

본문 독해 _ 如何选对好牛奶?

▪ 문장에서 중심 술어를 찾으면서 읽어보세요.

随着人们健康意识的增强，大家对奶制品的关注
Suí zhe rén men jiàn kāng yì shí de zēng qiáng dà jiā duì nǎi zhì pǐn de guān zhù
也越来越密切。
yě yuè lái yuè mìqiè

市场上的牛奶种类五花八门，很多人觉得各种牛
Shì chǎng shàng de niú nǎi zhǒng lèi wǔ huā bā mén hěn duō rén jué de gè zhǒng niú
奶都差不多，但是专家**认为**，不同的牛奶在配料、营养
nǎi dōu chà bu duō dàn shì zhuān jiā rèn wéi bù tóng de niú nǎi zài pèi liào yíng yǎng
成分等方面都存在着不少差异，因此牛奶产品的差别
chéng fèn děng fāng miàn dōu cún zài zhe bù shǎo chā yì yīn cǐ niú nǎi chǎn pǐn de chā bié
也很大。牛奶里面主要有纯牛奶和非纯牛奶两类。不
yě hěn dà Niú nǎi lǐ miàn zhǔ yào yǒu chún niú nǎi hé fēi chún niú nǎi liǎng lèi Bú
要**以为**所有盒子里装的都是纯牛奶。真正的“纯”牛奶，
yào yǐ wéi suǒ yǒu hé zi li zhuāng de dōu shì chún niú nǎi Zhēn zhèng de chún niú nǎi
配料表里面只有“生牛乳”。
pèi liào biǎo lǐ miàn zhǐ yǒu shēng niú rǔ

牛奶中最重要的营养成分是蛋白质，100毫升牛奶
Niú nǎi zhōng zuì zhòng yào de yíng yǎng chéng fèn shì dàn bái zhì yìbǎi háo shēng niú nǎi
中蛋白质含量应该达到2.9克以上，否则，就不能称为
zhōng dàn bái zhì hán liàng yīng gāi dá dào èrdiǎnjiǔ kè yǐ shàng fǒu zé jiù bù néng chēng wéi
牛奶。其实，选择好的牛奶并不难。首先认清“纯牛
niú nǎi Qí shí xuǎn zé hǎo de niú nǎi bìng bù nán Shǒuxiān rèn qīng chún niú
奶”的营养成分表，其次，关注牛奶的产地和品牌，就
nǎi de yíngyǎng chéng fèn biǎo qí cì guān zhù niú nǎi de chǎn dì hé pǐn pái jiù
能选对好牛奶。
néng xuǎn duì hǎo niú nǎi

독해시간 : 2분 (245자)

문법 도우미

认为와 以为의 차이

'认为'와 '以为'는 모두 기본적으로 '~라고 여기다, 생각하다, 간주하다'라는 유사한 의미를 가지고 있다.

보통 '认为'는 사람이나 사물(또는 상황)에 대해 어떤 의견을 확정하거나 판단을 내리는 일반적인 표현에 사용된다.

예) 我认为我们可以成为好朋友。
我认为我们做得很好。

반면 '以为'는 보통 어떤 사실이 화자가 생각했던 것과 다름(잘못된 인식)을 표현하기 때문에 '~라고 여겼는데 아니다'라는 부정적인 어기를 내포하기도 한다.

예) 我以为我们可以成为好朋友。
我以为她是20岁少女。

문형 도우미

▣ **A 否则 B : A 하지 않으면 B 한다.**

(앞서 제시된 A의 조건에 대한 가설적인 부정의 표현)

예) ① 快点走！否则不能准时到。
A B

② 幸好有医生在，否则要出大问题。
A B

문형연습) ________，否则 ________。

▣ 首先, **A** 其次, **B** (最后, **C**) : **먼저 A 하고, 그다음 B 하고,**

(마지막으로 C 하다.)

예) ① 首先认清“纯牛奶”的营养成分表，其次，关注牛奶产地和
A B

品牌，就能选对好牛奶。
C

② 首先, 重视高一高二的学习, 打好基础。其次, 高三的时候查缺
A B

补漏, 最后, 高考的时候保持平静的心态。
C

문형연습) 首先, ________ 其次, ________ (最后), ________。

본문 확인 문제

■ 본문을 읽고 다음 질문에 답해보세요.

一. 根据上面的内容回答问题。

1. 市场上牛奶的种类？ ( )

1) 各种各样　2) 一模一样　3) 都差不多

2. 牛奶必须含有成分是？ ( )

1) 碳水化合物　2) 蛋白质　3) 脂肪

3. 选择好牛奶的方法是？ ( )

1) 价格　2) 包装　3) 营养成分

二. 结合上文，判断对错(O/X)

1. 专家觉得各种牛奶都差不多。 ( )
2. 盒子里装的牛奶都是纯牛奶。 ( )
3. 牛奶是100ml牛奶中蛋白质含量要达到2.9g以上。 ( )

三. 请在括号中填上合适的词语。

随着　越来越　认清　关注　五花八门

1. (　　　)经济发展，人们的生活(　　　)好。
2. 你要(　　　)现实。
3. 全球媒体都(　　　)这次大赛。
4. 他们做的菜(　　　)。

쉬엄쉬엄
성어한마디

每天一句成语

"择善而从" [zéshànércóng]

⇨ 좋은 것을 택하여 따르다.
(훌륭한 사람을 택하여 따르다, 올바른 것을 택하여 따라하다.)

예문) 择善而从才有利于广告行业的长久健康发展。

독해 더하기_1

牛奶的营养价值很高，除了食用以外，还有很多用处。

- 用牛奶洗脸，可以软化角质，具有保湿的作用。
- 衣服上的墨水，先用清水洗，再用牛奶洗，然后再用洗洁精洗一洗，墨水就没了。
- 牛奶变质不能喝了，加上一点水，用来浇花，对花的生长很好。
- 煮土豆时，水中加点牛奶，土豆味道就更好了。

◐ 단어도우미 ◑

▪ 价值	[jiàzhí]	명 가치
▪ 软化	[ruǎnhuà]	동 부드러워지다, 무르게 되다
▪ 角质	[jiǎozhì]	명 각질
▪ 保湿	[bǎoshī]	동 보습하다
▪ 墨水	[mòshuǐ]	명 먹물
▪ 清水	[qīngshuǐ]	명 맑고 깨끗한 물
▪ 洗洁精	[xǐjiéjīng]	명 세정액
▪ 变质	[biànzhì]	동 변하다, 변질하다
▪ 浇	[jiāo]	동 (액체를) 뿌리다, 끼얹다
▪ 煮	[zhǔ]	동 삶다, 끓이다
▪ 味道	[wèidao]	명 맛

问答) 牛奶除了食用以外，还有哪些用处？

독해 더하기_2

牛奶虽然营养丰富，但并不是所有人都能喝，有些人就不宜喝牛奶。比如：缺铁性贫血患者、胃溃疡患者，还有刚刚做完腹部手術的人等等。而且牛奶不宜空腹喝，不宜与浓茶、药物等一起食用，吃柿子、苹果、橘子等水果时，也不适合喝牛奶。

◐ 단어도우미 ◑

▪ 不宜	[bùyí]	동 ~하는 것은 좋지 않다
▪ 缺铁性贫血	[quētiěxìngpínxuè]	명 철결핍성빈혈
▪ 患者	[huànzhě]	명 환자
▪ 胃溃疡	[wèikuìyáng]	명 위궤양
▪ 腹部	[fùbù]	명 복부
▪ 手术	[shǒushù]	명 수술
▪ 空腹	[kōngfù]	명 공복
▪ 浓	[nóng]	형 (농도가) 진하다
▪ 药物	[yàowù]	명 약물
▪ 柿子	[shìzi]	명 감
▪ 橘子	[júzi]	명 귤

问答) 一. 哪些人就不宜喝牛奶?

二. 哪些东西不适合与牛奶一起吃?

단어 확인 노트

■ 독해 더하기 1, 2에서 학습한 단어를 복습해보세요.

选词填空

手术	清水	变质	浇	煮	价值	不宜	患者	空腹	浓

1. 我觉得学习音乐对我来说还是很有(　　)的。

2. 这个地方穷山恶水(qióng shān è shuǐ, 자연환경이 열악하다)、人情淡薄(rénqíng dàn bó, 인정, 메마르다 인심), 因而(yīn ér, 따라서)(　　)久留(jiǔ liú, 오래 머무르다)。

3. 夏天食品(shí pǐn, 식품, 음식물)容易(　　), 你千万小心。

4. 这杯咖啡太(　　), 我喝不了。

5. 早上(　　)吃苹果有什么好处呢?

중국 문화 엿보기

몽고 마유주(蒙古马奶酒)

马奶酒[mǎnǎijiǔ]는 말젖을 말이나 소가죽으로 만든 주머니에 넣어 발효시켜 만든 몽고의 대표적인 술로 시큼하면서도 약간 비린 맛이 섞여서 막걸리와 비슷하다. 몽고에서 마유주를 대접하는 것은 손님에 대한 환영의 의미를 담고 있으며, 특별한 의식에서도 사용된다.

마유주의 유래

예로부터 유목민인 몽고인들이 마실 수 있는 음료는 주로 말젖이 었다. 그들은 말젖을 말이나 소가죽 주머니에 넣어 말 등에 싣고, 그것을 깔고 앉은 채로 말을 타고 달렸다. 이렇게 며칠을 깔고 앉은 말젖은 자연적으로 발효되어 술이 되었다고 한다.

마유주의 효능

마유주는 인체에 요구되는 지방과 단백질, 필수 탄수화물, 비타민 A. C. D. E가 풍부하고 영양가가 매우 높아서 체온을 높여 주며. 활동력을 개선해 고혈압, 심장병, 위장병, 요통, 기관지 질병 등 각종 질환을 치료하는데 도움을 준다. 또한 어린아이를 말젖으로 목욕시키고 일광욕을 하게 하면 피부병이 치료되기도 한다.

제8과

离不开手机的生活

문법 도우미

- '在'의 용법
- 가능보어

단어 도우미

▪ 科技	[kējì]	명 과학기술

예) 科技改变了我们的生活方式。

▪ 迅猛	[xùnměng]	형 빠르고 맹렬하다, 급격하다

예) 迷你车销量在日本增长迅猛。

▪ 渗入	[shènrù]	동 스며들다

예) 雨水不断渗入进来。

▪ 便捷	[biànjié]	형 빠르고 편리하다, 간편하다

예) 这种牌子的自行车使用起来非常便捷。

▪ 舒适	[shūshì]	형 편하다, 쾌적하다

예) 躺在新买的沙发上, 感觉很舒适。

▪ 闹铃	[nàolíng]	명 알람(소리)

예) 很多人都习惯使用手机的闹钟功能提醒自己。

▪ 捧	[pěng]	동 두 손으로 받쳐 들다 (움켜 집다)

예) 他的手里捧着一堆书。

▪ 微博	[wēibó]	명 MicroBlog 의 약칭 (중국 블로그의 일종)

예) 微博是微型博客(MicroBlog)的简称。

▪ 微信	[wēixìn]	명 중국 메신저 프로그램 (WeChat)

예) 我们平时经常使用微信聊天。

▪ 粘	[zhān]	동 붙다, 달라붙다

예) 小女孩粘着妈妈不放。

翻	[fān]	동 뒤집다

예) 整个房间都翻了一遍也没有找到。

底朝天	[dǐcháotiān]	(밑이 하늘을 향하다) 거꾸로 뒤집히다

예) 宝宝把家里翻个底朝天。

罢休	[bàxiū]	동 그만두다, 중지하다

예) 我不解出这道难题决不罢休。

就算	[jiùsuàn]	접 설령 ~라도

예) 就算我们不在一个学校了，我们还是好朋友。

要不	[yàobù]	접 그렇지 않으면

예) 要不我们叫外卖吃吧。

冷漠	[lěngmò]	형 냉담하다, 무관심하다

예) 我喜欢的人对我很冷漠。

荒废	[huāngfèi]	형 허비하다, 낭비하다

예) 他因为贪玩荒废了学业。

본문 독해 _ 离不开手机的生活

■ 문장에서 중심 술어를 찾으면서 읽어보세요.

随着科技的迅猛发展，现代化物品在不断渗入人
Suí zhe kē jì de xùn měng fā zhǎn xiàn dài huà wù pǐn zài bú duàn shèn rù rén
们的生活，使我们的生活变得更加便捷和舒适，手机
men de shēng huó shǐ wǒ men de shēng huó biàn de gèng jiā biàn jié hé shū shì shǒu jī
就是这个时代的高科技产品之一，上至七八十岁的老
jiù shì zhè ge shí dài de gāo kē jì chǎn pǐn zhī yī shàng zhì qī bā shí suì de lǎo
人，下至五六岁的孩子，很多人在用手机。
rén xià zhì wǔ liù suì de hái zi hěn duō rén zài yòng shǒu jī

早上，用手几的闹铃叫醒自己。起来后，接下来捧
Zǎo shang yòng shǒu ji de nàolíng jiàoxíng zì jǐ qǐ lái hòu jiē xià lái Pěng
着手机刷微博、看微信、聊天、玩游戏、看小说。吃
zhe shǒu jī shuā wēi bó kàn wēi xìn liáo tiān wán yóu xì kàn xiǎo shuō chī
饭在看手机、上厕所在看手机、走路也在看手机。除
fàn zài kàn shǒu jī shàng cè suǒ zài kàn shǒu jī zǒu lù yě zài kàn shǒu jī Chú
了睡觉，剩下的时间都和手机粘在一块了。
le shuì jiào shèng xià de shí jiān dōu hé shǒu jī zhān zài yí kuài le

如果手机不见了，那可不得了了，不把家里翻个
Rú guǒ shǒu jī bú jiàn le nà kě bù dé liǎo le bù bǎ jiā li fān ge
底朝天不会罢休，就算不玩，也要和它在一块，要不连
dǐ cháo tiān bú huì bà xiū jiù suàn bù wán yě yào hé tā zài yí kuài yào bu lián
事情也做不好。
shì qing yě zuò bu hǎo

现在的人越来越离不开手机了，人和人之间的关
Xiàn zài de rén yuè lái yuè lí bu kāi shǒu jī le rén hé rén zhī jiān de guān
系，也因此变得冷漠起来，面对面的时候也没有了话
xì yě yīncí biàn de lěng mò qi lai miàn duì miàn de shí hou yě méi yǒu le huà

感觉时间都荒废在玩手机上了。
gǎn jué shí jiān dōu huāng fèi zài wán shǒu jī shang le

我们这样天天玩手机，真的不好，放下手机去看看
Wǒ men zhè yàng tiān tiān wán shǒu jī zhēn de bù hǎo fàng xià shǒu jī qù kàn kan

这个美丽的世界吧！关心关心你身边的朋友！
zhè ge měi lì de shì jiè ba Guān xīn guān xīn nǐ shēnbiān de péng you

독해시간 : 1분 40초 (327자)

문법 도우미

'在'의 용법

■ 동사 용법

'在'는 기본적으로 '~에 있다', '존재하다'의 동사의 의미를 가지고 있다.

예) 有人在吗?
我再回家时，他已经不在了。

■ 부사 용법

'在'가 다른 동사 앞에 위치하면 '~하고 있다(~하고 있는 중이다)'의 뜻으로 어떤 동작이 진행 중임을 나타낸다.

예) 吃饭在看手机、上厕所在看手机、走路也在看手机。
演员在表演节目《友谊欢歌》。

■ 전치사 용법

'在'가 '시간', '장소', '범위', '조건' 등의 표현 앞에 위치하면
'~에서', '~에 있어서'의 의미로도 쓰인다.

예) 感觉时间都荒废在玩手机上了。
那个事故发生在去年冬天。

가능보어(可能补语)란?

동사의 뒤에 위치하여 동작이나 어떤 상황의 가능 혹은 불가능의 여부를 표현한다.

■ 기본 문형 :

① 술어 (동사) + 得 / 不 + 보어 (동사/형용사)
② 술어 (동사) + 得 / 不 + 了(liǎo) (보어)

예) 你说一遍, 我听听, 说不定我听得懂。⇔ 我听不懂他在说什么。
你能忍得住疼吗? ⇔ 忍不住哭了起来。
要不连事情也做不好。
现在的人越来越离不开手机了。
人们的日常生活离不开它们(烟酒糖茶)。
朋友, 我永远忘不了你。

문형 도우미

- 지난과에 나타난 문형의 내용을 다시 복습해봅시다.

▣ 除了 **A** 以外(之外), ~ 都/还 **B**

: A 외에도 B (또한) 모두 ~ 하다.

예) ① 除了睡觉，剩下的时间都和手机粘在一块了。
(A: 睡觉 / B: 剩下的时间)

② 除了节日以外，提亲、回娘家、红白喜事都少不了这几样东西。
(A: 节日 / B: 提亲、回娘家、红白喜事)

문형연습) 除了__________(以外)，__________。

▣ 连 **A**, 都/也 **B** : **A 조차도 B 하다.**

예) ① 就算不玩，也要和手机在一块，要不连事情也做不好。
(A: 事情 / B: 做不好)

② 连在五里以外的人都能听见他那又高又细的嗓音。
(A: 在五里以外的人 / B: 能听见他那又高又细的嗓音)

문형연습) 连__________也__________。

본문 확인 문제

■ 본문을 읽고 다음 질문에 답해보세요.

一. 结合课文，判断对错。(O/X)

1. 一般七八十岁的老人不会用手机。 ( )
2. 有的人早上一睁开眼睛就看手表看时间。 ( )
3. 人们越来越离不开手机，人际关系也变得越来越冷漠。 ( )

二. 根据文章选出不包括手机的用途的一项。

1. 玩游戏 2. 看八卦 3. 交朋友 4. 刷微博

三. 将下列动词填入相应的位置。

玩 刷 看

1. ( )小说 2. ( )游戏 3. ( )微博

四. 结合课文，选择错误的一项。( )

1. 现在的人越来越离不开手机了。
2. 手机就是这个时代的高科技产品。
3. 大家的时间都荒废在了玩手机上。

쉬엄쉬엄 성어한마디

每天一句成语

“心神不宁” [xīnshénbùníng]

⇨ 마음이 안정되지 못하다

예문) 手机一没电我就会心神不宁，总觉得很焦虑，总是担心有什么未接电话，或者耽误了什么重要的事情。

◐ 단어도우미 ◑

▪ 焦虑	[jiāolǜ]	형 초조하다, 걱정스럽다
▪ 耽误	[dānwu]	동 (시간을 지체하다가) 일을 그르치다.

독해 더하기_1

以前人们只是用手机上网看看新闻，但是现在有了微信、微博、朋友圈，大家都成了'低头族'的一员。在大街上、地铁中、商店里，到处可见拿着手机的低头族。他们对周围的一切视而不见、充耳不闻。

手机虽然带来了种种便利，但因为我们过分依赖手机，人与人之间的关系疏远了，我们的思考能力也弱化了。当我们低着头，我们就看不到天空，感受不到生活之美。请放下手机，不要再做低头族。

◐ 단어도우미 ◑

▪ 朋友圈	[pēngyouquān]	명 중국 대표 메신저 微信(WeChat)의 기능(자신의 계정에 사진, 글, 인터넷 기사를 공유하는 중국판 카카오 스토리)
▪ 低头族	[dītóuzú]	명 고개 숙여 스마트폰만 보는 사람들을 가리키는 말
▪ 一员	[yīyuán]	명 일원
▪ 到处	[dàochù]	명 도처, 곳곳
▪ 周围	[zhōuwéi]	명 주위, 사방
▪ 一切	[yíqiè]	형 일체의, 모든
▪ 视而不见	[shìérbújiàn]	성어 보고도 못 본 척하다, 관심이 전혀 없다
▪ 充耳不闻	[chōngěrbùwén]	성어 못들은 척하다, 들은 체 만 체하다
▪ 便利	[biànlì]	동 편리하다

▪ 过分	[guòfèn]	동 지나치다
▪ 依赖	[yīlài]	동 의지하다, 기대다
▪ 疏远	[shūyuǎn]	동 소원해지다, 멀리하다
▪ 弱化	[ruòhuà]	동 약화되다

问答) 根据上面的内容回答问题。

1. 人们为什么成为了“低头族”？
2. 通过手机可以得到什么信息？
3. 平时人们通过手机都做什么？

독해 더하기_2

清明节快到了，张三去买祭品，看到祭品店竟然有纸糊的苹果手机。张三很吃惊，就问："祖先会用苹果手机吗？"老板白了他一眼说："乔布斯都亲自下去教了，还能不会？"张三觉得有道理，也买了一个。老板提醒他："再买个充电器吧！小心祖先找你要。回来要，是小事。要是叫你送过去，就麻烦了！"

◐ 단어도우미 ◑

▪ 清明节	[Qīngmíngjié]	명 청명절 (24절기의 하나로 양력 4월 5일 전후성묘하는 풍습이 있음)
▪ 纸糊	[zhǐhú]	명 장례식 때 태우는 종이
▪ 吃惊	[chījīng]	동 (깜짝) 놀라다
▪ 祖先	[zǔxiān]	명 선조, 조상
▪ 白了一眼	[báileyīyǎn]	힐끗 흘겨보다('白'는 '멸시하다', '깔보다'의 의미를 지님)
▪ 乔布斯	[Qiáobùsī]	대 스티브 잡스 (Steven Paul Jobs) 미국 애플회사의 공동 창립자
▪ 亲自	[qīnzì]	부 직접, 친히
▪ 道理	[dàoli]	명 일리, 이치
▪ 提醒	[tíxǐng]	동 일러주다, 일깨우다, 경고하다
▪ 充电器	[chōngdiànqì]	명 충전기

问答) 根据上面的内容，回答问题。

1. 纸糊的苹果手机是买给谁的？
2. 为什么要买个充电器？

단어 확인 노트

■ 독해 더하기 1, 2에서 학습한 단어를 복습해보세요.

选词填空

视而不见　疏远　亲自　依赖　损害　周围　吃惊　提醒　到处

1. 他把我的话当耳旁风(dāngěrpángfēng 귀담아 듣지 않다)，你(　　)去跟他说吧。

2. 那样的人(　　)都有，你别理(lǐ 상대하다, 상관하다)他。

3. 不要让孩子在年少时过于(guò yú 지나치게, 너무)(　　)父母。

4. 我国的主权(zhǔquán 주권)受到了严重(yán zhòng 심각하다)的(　　)，我们怎能忍受(rěnshòu 참다)啊!

5. 本银行提供(tí gōng 제공하다)三个月免费短信(　　)服务。

중국 문화 엿보기

중국의 대표적인 어플

微信(WeChat) :

9억명 이상이 사용하는 메신저로 메시지, 음성 및 영상통화가 가능한 어플이다. 모멘트 공유 기능을 통해서 사진과 동영상을 공유할 수도 있다.

百度地图 :

만약 중국에서 길을 잃어버렸다면 바이두 지도를 이용할 수 있다. 기본적인 지도 제공은 물론 버스, 지하철 안내 및 네비게이션 기능까지 갖추고 있다.

淘宝 :

중국 최대의 온라인 쇼핑 어플로 '타오바오에는 없는 것이 없다'라는 이야기가 있을 정도로 다양한 상품을 구비하고 있다. 또한 온라인상에서 판매자와 구매자 간에 서로 대화도 나눌 수 있으며, 좋은 상품을 싸게 구매 할 수 있다.

美团 :

중국 여행 또는 유학 중에 맛있는 음식을 찾고 있다면 꼭 필요한 어플로써 맛집 검색은 기본, 배달 가능한 음식점의 검색도 가능하다. 이 외에도 여행 상품, 호텔, 영화 등 여가, 문화 서비스도 제공하고 있다.

虾米音乐:

로그인 없이 무료로 음악을 들을 수 있다. 중국음악이 듣고 싶다면 이 어플을 이용해 보아도 좋다.

MEMO

제9과

高考

문법 도우미 • 상용 전치사 비교

단어 도우미

任命	[rènmìng]	동 임명하다

예) 你已经被正式任命为项目经理。

科举考试	[kējǔkǎoshì]	명 과거시험

예) 朝鲜王朝时期通过科举考试选拔文武官员。

经历	[jīnglì]	동 겪다, 경과하다, 지나다

예) 我奶奶亲身经历了两次世界大战。

废除	[fèichú]	동 취소하다, 폐지하다

예) 新中国成立后，废除了西藏过去实行的封建农奴制度。

引进	[yǐnjìn]	동 도입하다, 끌어들이다

예) 我校实施"引进国外先进技术、管理人才项目"的政策。

制度	[zhìdù]	명 제도, 규정

예) 为加强公司的规范化管理, 要完善各项工作制度。

招生	[zhāoshēng]	동 학생을 모집하다

예) 大学招生马上就要结束了。

创立	[chuànglì]	동 창설하다, 새로 세우다

예) 他独自创立了自己的事业。

高考	[gāokǎo]	명 (중국의) 대학입시시험

예) 今年参加高考的学生减少了。

方案	[fāng'àn]	명 방안, 방책

예) 此网站免费提供促销活动方案。

意愿	[yìyuàn]	명 바람, 희망, 염원

예) 我们的目的是让学生学会用合适的方式表达自己的意愿。

文科	[wénkē]	명 문과

예) 文科类专业包括政治、经济、文化等学科。

理科	[lǐkē]	명 이과

예) 理科类专业包括数学、物理、化学、计算机软件应用等学科。

科目	[kēmù]	명 과목

예) 我想知道汽车驾考科目的具体内容。

单独	[dāndú]	부 단독으로, 혼자서

예) 我校今年首次单独组队参赛。

采用	[cǎiyòng]	동 채택하다, 채용하다

예) 那篇稿子已被编辑部采用。

试卷	[shìjuàn]	명 시험지

예) 试卷是一些纸张或电子版的答题卷或问题卷。

본문 독해 _ 高考

■ 문장에서 중심 술어를 찾으면서 읽어보세요.

在中国古代，任命官员需要进行科举考试，科举考
Zài Zhōng guó gǔ dài rèn mìng guān yuán xū yào jìn xíng kē jǔ kǎo shì kē jǔ kǎo

试有着多年的历史，于1905年被清朝废除，当时清政
shì yǒu zhe duō nián de lì shǐ yú yījiǔlíngwǔnián bèi qīng cháo fèi chú dāng shí qīng zhèng

府还引进了西方的学校考试制度。1952年，新中国
fǔ hái yǐn jìn le xī fāng de xué xiào kǎo shì zhì dù yījiǔwǔ'èrnián xīn Zhōng guó

创立了国统一高等学校招生制度，简称高考。从2003
chuànglì le guó tǒng yī gāo děng xué xiào zhāo shēng zhì dù jiǎn chēng gāo kǎo Cóngèrlínglíngsān

年起高考时间改为了每年6月的7、8、9三天，高中毕
nián qǐ gāo kǎo shí jiān gǎi wéi le měi nián liù yuè de qī bā jiǔ sān tiān gāo zhōng bì

业或有同等学力的学生都可以参加。
yè huò yǒu tóng děng xué lì de xué shēng dōu kě yǐ cān jiā

高考现行方案是"3+X"方案："3"指"语文、数学、
Gāo kǎo xiàn xíng fāng àn shì sānjiā fāng àn sān zhǐ yǔ wén shù xué

外语"，"X"指学生**根据**自己的意愿，从文科综合（政
wài yǔ zhǐ xué shēng gēn jù zì jǐ de yì yuàn cóng wén kē zōng hé zhèng

治、历史、地理）和理科综合（物理、化学、生物）
zhì lì shǐ dì lǐ hé lǐ kē zōng hé wù lǐ huà xué shēng wù

两个综合科中，选择一个考试科目。此方案是目前全
liǎng gè zōng hé kē zhōng xuǎn zé yí gè kǎo shì kē mù Cǐ fāng àn shì mù qián quán

国应用最广、最成熟的方案，正被大部分省市区使用。
guó yìngyòng zuì guǎng zuì chéng shú de fāngàn zhèng bèi dà bù fen shěng shì qū shǐ yòng

高考总分为750分（语文150分、数学150分、外语150
Gāo kǎo zǒng fēn wéi qībǎiwǔsh fēn yǔ wényībǎiwǔshí fēn shù xué yībǎiwǔshí fēn wài yǔ yībǎiwǔshí

分、文科综合/理科综合300分）。
fēn wén kē zōng hé lǐ kē zōng hé sānbǎi fēn

除北京、天津、江苏、上海、浙江等5个省市单独
Chú Běi jīng Tiān jīn Jiāng sū Shàng hǎi Zhè jiāng děng wǔ gě shěng shì dān dú

命题外，全国26个省份采用全国统一试卷。
mìng tí wài quán guó èrshíliù gě shěng fèn cǎi yòng quán guó tǒng yī shì juàn

독해시간 : 2분 50초 (326자)

문법 도우미

상용 전치사 비교

▣ '根据'와 '按(照)'

- '根据' : 어떤 결론에 대한 전제나 판단에 대한 근거를 나타낸다.
- '按(照)' : 어떤 기준이나 규정에 따르는 것을 나타낸다.

예) 根据天气预报，明天天气晴朗。
按照预定的计划执行。

참고)
'根据'는 전치사와 동사 이외에 명사로도 쓰이지만, '按(照)'는 전치사나 동사로만 쓰인다.
예) 说话要有根据。

- 단음절 명사 앞에는 주로 按을 사용한다.
예) 按理说，应该没问题。

▣ '从'과 '离'

- '从' : 출발점이나 출발시간을 나타낸다.
- '离' : 공간이나 시간의 간격 또는 격차를 나타낸다.

예) 从家到学校只要五分钟。
从那天以后，他一直没有迟到早退。
我家离学校不远。
离出发还有一个小时。

본문 확인 문제

■ 본문을 읽고 다음 질문에 답해보세요.

一. 结合课文，判断对错。(O/X)

1. 高考现行方案是"3+1"方案。 ( )
2. 高考可以在外国申请。 ( )
3. 考试日期是每年6月7-8日。 ( )

二. 根据课文，关于高考可以知道的是？(可以多选)

1. 考试名称 2. 考试日期 3. 考试科目 4.报名人数

三. 将下列词语填入相应的位置。

根据 离 从

1. ( )2003年起高考时间改为了每年6月的7、8、9三天，高中毕业或有同等学力的学生都可以参加。
2. 学生( )自己的意愿，从文科综合(政治、历史、地理)和理科综合(物理、化学、生物)2个综合科中，选择一个考试科目。

四. 结合课文，选择错误的一项。 ( )

1. 高中毕业的学生可以报名参加高考。
2. 中国每一个省的试卷都不一样。
3. 学生根据自己的意愿，从文科综合和理科综合，两个综合科中，选择两个考试科目。

쉬엄쉬엄
성어한마디

每天一句成语

"独占鳌头" [dúzhànáotóu]

⇨ 장원 급제하다. (일등을 차지하다.)

예문) 中國的国家高新技术企业多达8700家, 目前省会城市中, 广州可以说独占鳌头。

◐ 단어도우미 ◑

▪ 高新技术	[gāoxīnjìshù]	명 첨단 기술 (하이테크)
▪ 企业	[qǐyè]	명 기업

독해 더하기_1

义务教育，是国家统一实施的所有适龄儿童、少年必须接受的教育，是国家必须给予保障的公益性事业，又称免费义务教育。义务教育具有强制性、免费性、普及性等基本特点。中国自1978年9月实施9年免费教育以来，小学6年和初中3年为免费义务教育阶段。按《教育条例》规定，家长如果没有充分理由而不送子女入学，必须入狱3个月，并罚款5000元。义务教育不收学费和杂费。凡是具有中华人民共和国国籍的儿童和少年，不分性别、民族、家庭财产状况、宗教信仰等，都享有接受义务教育的权利。

◐ 단어도우미 ◑

▪ 义务	[yìwù]	명 의무
▪ 实施	[shíshī]	동 실시하다
▪ 适龄	[shìlíng]	명 적령 (주로 입학이나 입대 연령을 가리킴)
▪ 必须	[bìxū]	부 반드시 ~해야 한다
▪ 接受	[jiēshòu]	동 받아들이다, 수락하다
▪ 给予	[jǐyǔ]	동 주다
▪ 保障	[bǎozhàng]	동 보장하다, 보증하다
▪ 公益	[gōngyì]	명 공익

▪ 强制	[qiángzhì]	명 강제, 강압
▪ 普及	[pǔjí]	동 보급되다, 확대되다
▪ 阶段	[jiēduàn]	명 단계
▪ 条例	[tiáolì]	명 조례, 조항
▪ 入狱	[rùyù]	동 감옥에 들어가다, 수감되다
▪ 罚款	[fákuǎn]	동 벌금을 내다
▪ 凡是	[fánshì]	부 대체로, 무릇
▪ 财产	[cáichǎn]	명 재산, 자산
▪ 宗教	[zōngjiào]	명 종교
▪ 信仰	[xìnyǎng]	명 신앙
▪ 享有	[xiǎngyǒu]	동 (권리나 명예 등) 향유하다
▪ 权利	[quánlì]	명 권리

问答) 结合短文，判断对错。(O/X)

1. 中国的义务教育一共是6年。 ( )
2. 家长没有理由不让孩子入学，会入狱。 ( )
3. 学生初中毕业后，都进入公费的高中学校。 ( )

독해 더하기_2

中国大陆实行的是九年义务教育，所以高中不在义务教育范围内，属于收费教育。初中毕业生如果想继续接受教育，需要参加初中学业水平考试(简称中考)，按考试成绩择优录取进入高中。高中共有三个学年，一般从第二学年开始，学生可以自由选择进入文科班或理科班，除了学习语文、数学、外语，还要学习文科或理科课程。文科课程包括政治、地理、历史。理科课程包括物理、化学、生物学。除了普通高中，还有职业高中，职业高中是强调实际生产与操作技術的教育。普通高中课程安排由教育部统一制定，另外还设立了额外的选修科目。

◐ 단어도우미 ◑

▪ 实行	[shíxíng]	동 실행하다
▪ 范围	[fànwéi]	명 범위
▪ 属于	[shǔyú]	동 ~에 속하다
▪ 收费	[shōu//fèi]	동 비용을 받다
▪ 继续	[jìxù]	동 계속하다
▪ 择优	[zéyōu]	동 우수한 것을 선택하다
▪ 录取	[lùqǔ]	동 (시험으로) 채용하다, 합격시키다, 뽑다

▪ 强调	[qiángdiào]	동 강조하다
▪ 操作	[cāozuò]	동 조작하다, 다루다
▪ 安排	[ānpái]	동 안배하다, 배치하다
▪ 制定	[zhìdìng]	동 (법규나 계획 등) 제정하다, 만들다
▪ 设立	[shèlì]	동 세우다, 설립하다
▪ 选修科(目)	[xuǎnxiūkē(mù)]	명 선택과목

问答) 据上面的内容，判断对错。(O/X)

1. 初中毕业后可以直接进入高中。 ( )
2. 从高中开始学生可以自由选择文科班或理科班。 ( )
3. 职业高中有三个学年。 ( )
4. 中国大陆的高中课程没有额外选修科目。 ( )

단어 확인 노트

■ 독해 더하기 1, 2에서 학습한 단어를 복습해보세요.

选词填空

凡是	设立	操作	接受	普及	录取	安排	实施	属于

1. 勇往直前(yǒngwǎngzhíqián 용감히 전진하다), 最后的胜利(shènglì 승리)肯定(kěndìng 틀림없이)(　)我们。

2. (　)人都会有自己的想法, 你就尊重(zūnzhòng 존중하다)他吧。

3. 新生必须按照(àn zhào ~에 따라, ~대로)学校的(　)完成课程(kèchéng 교육과정(커리큘럼))。

4. 这里的生产全过程(guòchéng 과정)都是自动化(zì dònghuà 자동화)(　)。

5. 昨天我收到哈弗大学(Hā fó dà xué (미국)하버드대학교)的(　)通知书(tōng zhī shū 통지서)。

중국 문화 엿보기

중국의 희망공정(希望工程)

희망공정(希望工程, Xīwànggōngchéng)은 일 년을 벌어도 학교 등록금은 꿈도 못 꾸며, 단지 돈이 없어 교육을 받지 못하는 극빈 계층의 아이들에게 교육 기회를 제공하여 현실을 개선하고자 하는 희망을 주는 국가 주도의 공익사업이다.

1989년부터 기업들이 중국 정부와 서부 내륙지방의 빈곤 어린이들에게 3000억 가까운 기금 조성을 통해 많은 아이들을 공장에서, 들에서 학교로 돌려 보내고 있다.

그 결과 빈곤층 아이들 교육문제가 큰 폭으로 개선이 되고 있고, 많은 아이들이 학교로 돌아와 다시 교육을 받고 있다는 통계도 나왔다. 희망공정은 더 이상 중국뿐만 아니라 국제적으로 빈곤지역 아동 구제의 대표적인 이름으로 알려지고 있다.

중국은 더 빠른 속도로 경제발전과 성장으로 세계 속으로 나아갈 것이다. 앞으로도 더 많은 아이들이 가난과 생존의 현실과 싸워야 할지도 모르기에 국가와 경제를 위해 그 작은 아이들의 웃음마저 헤친다면 그것은 큰 비극이 될 것이다.

희망공정의 성과는 절대로 많은 금액과 많은 정성을 요구 하는 것이 아니다. 조금의 관심 만 있어도 지금 이순간 고통 받 는 어린이들에게 소중한 삶의 기회를 제공해 줄 수 있다. 아이들의 밝은 미소 속에는 우리의 미래가 있기 때문이다.

제10과

人工智能

단어 도우미

단어	병음	뜻
▪ 人工智能	[réngōngzhìnéng]	명 인공지능

예) 人工智能产品的应用越来越广泛。

단어	병음	뜻
▪ 缩写	[suōxiě]	명 약어

예) 中华人民共和国可以缩写成中国。

단어	병음	뜻
▪ 计算机	[jìsuànjī]	명 컴퓨터

예) 本专业是计算机硬件与软件相结合。

단어	병음	뜻
▪ 分支	[fēnzhī]	명 분과, 갈래

예) 逻辑学是哲学的一个分支。

단어	병음	뜻
▪ 机器	[jīqì]	명 기계, 기기

예) 机器与人怎样当好“合伙人”?

단어	병음	뜻
▪ 代替	[dàitì]	동 대신하다, 대체하다

예) 他不能去, 你代替他去一趟吧!

단어	병음	뜻
▪ 胜任	[shèngrèn]	동 (맡은 임무를) 감당하다

예) 我们能胜任这项工作。

단어	병음	뜻
▪ 模拟	[mónǐ]	동 모방하다

예) 机器可以模拟人的声音。

단어	병음	뜻
▪ 思维	[sīwéi]	명 사유

예) 人是一种有思维的动物。

단어	병음	뜻
▪ 意识	[yìshí]	명 의식

예) 我们的危机意识不够。

단어	병음	뜻
▪ 领域	[lǐngyù]	명 분야, 영역

예) 经济、政治和文化是社会生活的三个基本领域。

단어	병음	뜻
▪ 识别	[shíbié]	동 식별하다, 분별하다

예) 警察一眼就能识别出人群中的小偷。

▪ 图像	[túxiàng]	명 사진, 그림, 화면

예) 这是图像处理软件。

▪ 自然语言处理	[zìrányǔyánchǔlǐ]	명 자연 언어 처리 (인간이 쓰는 언어를 컴퓨터에 인식시켜 처리하는 것)

예) 自然语言处理是计算机科学领域与人工智能领域中的一个重要方向。

▪ 系统	[xìtǒng]	명 시스템

예) 电脑系统十分复杂。

▪ 扩大	[kuòdà]	동 확대하다, 넓히다

예) 我们公司要进一步扩大在国内外的知名度和影响力。

▪ 接触	[jiēchù]	동 접하다, 접촉하다

예) 他过去从没有接触过农活儿。

▪ 指纹	[zhǐwén]	명 지문

예) 每个人的指纹都不一样。

▪ 虹膜	[hóngmó]	명 (신체기관) 홍채

예) 眼睛的虹膜中央有瞳孔。

▪ 搜索	[sōusuǒ]	동 검색하다, 수색하다

예) 你有什么在网上搜索东西的技巧?

▪ 挑战	[tiǎozhàn]	명 도전

예) 这是一个新挑战, 更是一场持久战!

본문 독해 _ 人工智能

■ 문장에서 중심 술어를 찾으면서 읽어보세요.

人工智能(Artificial Intelligence), 英文缩写是AI,
Réngōng zhì néng Yīng wén suō xiě shì

它是一门新的科学技术，是计算机科学的一个分支。简
tā shì yì mén xīn de kē xué jì shù shì jì suàn jī kē xué de yí gè fēn zhī Jiǎn

单地说，人工智能就是让机器来代替人类，去完成人类
dān de shuō rén gōng zhì néng jiù shì ràng jī qì lái dài tì rén lèi qù wán chéng rén lèi

智能才能胜任的工作。人工智能可以模拟人的思维和
zhì néng cái néng shèng rèn de gōng zuò Rén gōng zhì néng kě yǐ mó nǐ rén de sī wéi hé

意识，可以像人那样思考，也可能超过人的智能。人工
yì shí kě yǐ xiàng rén nà yàng sī kǎo yě kě néng chāo guò rén de zhì néng Rén gōng

智能领域的研究包括机器人、语言识别、图像识别、自
zhì néng lǐng yù de yán jiū bāo kuò jī qì rén yǔ yán shí bié tú xiàng shí bié zì

然语言处理和专家系统等。人工智能的理论和技术越
rán yǔ yán chǔ lǐ hé zhuān jiā xì tǒng děng Rén gōng zhì néng de lǐ lùn hé jì shù yuè

来越成熟，应用范围也在不断扩大。在我们的日常生
lái yuè chéng shú yīng yòng fàn wéi yě zài bú duàn kuò dà Zài wǒ men de rì cháng shēng

活中，也常常会接触到人工智能，比如指纹识别、人脸
huó zhōng yě cháng cháng huì jiē chù dào rén gōng zhì néng bǐ rú zhǐ wén shí bié rén liǎn

识别、虹膜识别、智能搜索等等。人工智能是一门极
shí bié hóng mó shí bié zhì néng sōu suǒ děng děng Rén gōng zhì néng shì yì mén jí

具挑战性的科学技术，在未来将会有更大的发展。
jù tiǎo zhàn xìng de kē xué jì shù zài wèi lái jiāng huì yǒu gèng dà de fā zhǎn

독해시간 : 1분 40초 (256자)

본문 확인 문제

■ 본문을 읽고 다음 질문에 답해보세요.

一. 根据文章内容回答问题。

1. 什么叫人工智能?
2. 人工智能可以做到什么?

二. 结合课文，判断对错。(O/X)

1. 人工智能是一门新的科学技术。 ( )
2. 人工智能应用领域在不断地扩大。 ( )
3. 人工智能的工作人员要学会外语。 ( )

三. 人工智能的研究领域有哪些?

四. 结合课文，选择错误的一项。 ( )

1. 人工智能将来可以代替人的思维。
2. 人工智能还包括语言识别、图像识别和自然语言处理。
3. 人工智能已经超过人类的思考。
4. 人工智能的复杂工作每一个时代都不一样。

쉬엄쉬엄 성어한마디

每天一句成语

“推陈出新” [tuīchénchūxīn]

⇨ 낡은 것을 버리고 좋은 것은 찾아내 새로운 방향으로 창조하다.

예문) 人们总喜欢以新代旧，所以总是不停地推陈出新。

독해 더하기_1

在春秋时代，有个木匠叫鲁班，他头脑聪明，手也非常巧，发明过很多东西。传说有一次鲁班到很远的地方去工作。时间久了，他很想念妻子，就发明了一只大木鸢，只要骑在上面，敲几下，木鸢就会飞上天。鲁班常常坐着木鸢回家看妻子。后来，这件事被鲁班的父亲知道了，趁鲁班回家时，他偷偷地骑上木鸢，照样敲几下，木鸢也飞起来了。老父亲觉得好玩儿极了，飞啊飞啊，一直飞到了苏州，人们都把他当成了从天上下来的神仙。这个故事虽然夸大了鲁班的发明，但反映了古代人民对鲁班的崇拜和对天空的向往，期待有人能为他们制造会飞的机器鸟，带他们飞向远方。

◐ 단어도우미 ◑

▪ 春秋	[Chūnqiū]	명 춘추 시대 (기원전 770~476년)
▪ 木匠	[mùjiang]	명 목수
▪ 鲁班	[LǔBān]	명 (인명) 노반 (중국 고대의 특출한 목수)
▪ 头脑	[tóunǎo]	명 두뇌
▪ 巧	[qiǎo]	형 솜씨가 있다
▪ 发明	[fāmíng]	동 발명하다
▪ 传说	[chuánshuō]	명 전설, 설화

▪ 妻子	[qīzi]	명 아내
▪ 鸢	[yuān]	명 솔개 (조류)
▪ 敲	[qiāo]	동 두드리다, 치다, 때리다
▪ 趁	[chèn]	개 (어떤 때나 기회를) 이용해서, 틈타서
▪ 照样	[zhàoyàng]	부 원래대로, 그대로
▪ 神仙	[shénxiān]	명 신선, 선인
▪ 夸大	[kuādà]	동 과대하다, 과장하다
▪ 反映	[fǎnyìng]	동 반영하다
▪ 崇拜	[chóngbài]	동 숭배하다
▪ 向往	[xiàngwǎng]	동 동경하다, 지향하다
▪ 期待	[qīdài]	동 기대하다
▪ 制造	[zhìzào]	동 제조하다, 만들다

问答) 根据上面的内容回答问题。

1. 鲁班是什么时代的人? 他是做什么的?
2. “鲁班的木鸢”是什么东西?
3. 人们为什么把鲁班的父亲当成了从天上下来的神仙?
4. 人民为什么崇拜鲁班?

독해 더하기_2

自动驾驶汽车，又称无人驾驶汽车、电脑驾驶汽车，是一种通过电脑系统实现无人驾驶的智能汽车。早在20世纪70年代，美国、英国、德国等发达国家就开始进行无人驾驶汽车的研究了。到了21世纪初，无人驾驶汽车已经在实用化方面有了很大进展。比如，谷歌自动驾驶汽车于2012年5月获得了美国首次自动驾驶车辆许可证，并且已经进入了市场销售。

自动驾驶汽车主要依靠人工智能，让电脑可以在没有任何人类主动的操作下，自动安全地操作车辆。2014年12月中下旬，谷歌首次展示了自动驾驶原型车成品。谷歌已经于2015年6月开始在加利福尼亚州的公共道路上进行了测试。

◐ 단어도우미 ◑

▪ 自动驾驶	[zìdòngjiàshǐ]	명 무인 운전
▪ 实现	[shíxiàn]	동 실현하다, 달성하다
▪ 实用化	[shíyòng]	명 실용화
▪ 谷歌	[Gǔgē]	명 구글(google) 세계 최대 인터넷 검색엔진
▪ 获得	[huòdé]	동 얻다, 획득하다
▪ 车辆	[chēliàng]	명 차량

▪ 许可证	[xǔkězhèng]	명 허가증
▪ 销售	[xiāoshòu]	동 팔다, 판매하다
▪ 依靠	[yīkào]	동 의지하다, 기대다
▪ 操作	[cāozuò]	동 조작하다, 다루다
▪ 展示	[zhǎnshì]	동 전시하다
▪ 原型	[yuánxíng]	명 원형
▪ 成品	[chéngpǐn]	명 제품, 완제품
▪ 加利福尼亚州	[Jiālìfúníyàzhōu]	명 (미국)캘리포니아 주
▪ 公共道路	[gōnggòngdàolù]	명 고속도로
▪ 测试	[cèshì]	명 테스트, 시험

问答) 结合课文，判断对错。(O/X)

1. 自动驾驶汽车让电脑在没人操作的情况下，自动操作车辆。( )
2. 自动驾驶汽车已经被使用很久了。 ( )
3. 2015年，谷歌已经开始在公路上测试了其自动驾驶汽车。 ( )

단어 확인 노트

- 독해 더하기 1, 2에서 학습한 단어를 복습해보세요.

选词填空

趁　销售　系统　制造　照样　测试　巧　获得　原型　崇拜

1. 天气尽管(jǐnguǎn: 비록 ~에도 불구하고)很冷，工地(gōngdì: (작업, 공사)현장)上(　　)热火朝天(rè huǒ cháo tiān: 열기가 뜨겁다)。

2. 平时没空儿，只能(　　)周末去扫货(sǎohuò: 대량으로 물건을 구입하다)。

3. 她去年(　　)了优秀(yōu xiù: 우수하다)留学生奖学金(jiǎngxuéjīn: 장학금)。

4. 他一直很(　　)乔丹(Qiáodān: 마이클조던(농구선수))，把他当成偶像(ǒu xiàng: 우상(동경의 대상))。

5. 由于技术上的原因，那种产品还不能(　　)。

중국 문화 엿보기

인공지능로봇 '샤오두'

천재들이 출연해 두뇌 대결을 펼치는 중국의 인기 예능 프로그램 '쮜이치앙 따나오'(最强大腦)에 바이두(百度)의 인공지능 로봇 '샤오두'(小度)가 출연했다.

샤오두는 해당 프로그램에서 각기 다른 능력을 가진 고수와 대결을 펼쳤다. 대결 종목은 '관찰력 게임'으로 감시 카메라에 단 1초 포착된 가상의 강도들을 찾아내는 것이다. 밤중에 모자와 색안경, 마스크로 얼굴을 가린 화면 속 범인 3명을 잠깐 보고, 방청석에 나와 있는 후보 30명 중에서 찾아내는 게임이다. 게임의 결과는 인공지능의 완승으로 인간 고수는 한 명도 찾아내지 못했지만, 샤오두는 2명을 찾아내었다. 이는 인공지능이 인간의 능력을 앞서는 것으로 사람들의 큰 관심을 끌었다.

현재 중국의 기업과 대학들은 앞다퉈 인공지능 개발에 뛰어들고 있다. 또한 최근에는 특허 출원 건수가 미국에 이어 세계 2위로 올라서고 있다. 그만큼 인공지능에 많은 투자를 하고 있는 것이다. 이에 대해 전문가들은 중국이 세계 최고의 인공지능 로봇을 만들어 내는 것은 시간문제라고 여기고 있다.

샤오두의 TV 출연은 '이미지 인식 기술'의 발전을 보여준 사례가 되었다. 샤오두는 이번 경기를 위해 많은 훈련을 거듭했다고 전했다. 훈련 과정 중에는 오래된 불명확한 그림으로 사람들을 식별하는 작업까지 진행되었다. 바이두 관계자는 샤오두의 음성인식 정확도는 97%, 안면 인식 정확도는 99.7%에 이른다고 밝혔다.

제11과

端午节

문법 도우미
- 被자문
- 而의 용법

문형 도우미
- 不但 A 而且 B ~

단어 도우미

단어	병음	뜻
▪ 农历	[nónglì]	명 음력

예) 农历五月初五是端午节。

단어	병음	뜻
▪ 民间	[mínjiān]	명 민간

예) 牛郎织女是中国最有名的民间传说之一。

단어	병음	뜻
▪ 邻近	[línjìn]	명 근처, 이웃

예) 与中国邻近的国家有14个, 如韩国、俄罗斯、蒙古等等。

단어	병음	뜻
▪ 赛龙舟	[sàilóngzhōu]	용머리로 장식된 배를 타고 벌이는 중국 전통 경주

예) 赛龙舟是端午节的主要习俗。

단어	병음	뜻
▪ 屈原	[Qūyuán]	명 굴원 (초나라 시인)

예) 屈原是中国古代伟大的爱国诗人。

단어	병음	뜻
▪ 粽子	[zòngzi]	명 쫑쯔 (찹쌀을 대나무 잎에 싸서 삼각형으로 묶은 후 찐 단오절 음식)

예) 粽子是中华民族传统节庆食物之一。

단어	병음	뜻
▪ 菖蒲	[chāngpú]	명 (식물) 창포

예) 洗头要用菖蒲。

단어	병음	뜻
▪ 江陵	[Jiānglíng]	명 강릉시 (한국 강원도에 위치한 도시)

예) 江陵是邻近东海岸的城市。

단어	병음	뜻
▪ 流传	[liúchuán]	동 대대로 전해 내려오다, 세상에 널리 퍼지다

예) 这是古代流传下来的谚语。

단어	병음	뜻
▪ 祭	[jì]	동 제사 지내다, 추도하다

예) 清明, 我们来祭英灵。

단어	병음	뜻
▪ 各路	[gèlù]	명 각지 (여러 지방)

예) 各路参赛者都已云集战地。

단어	병음	뜻
▪ 神灵	[shénlíng]	명 신령님

예) 他每周供奉神灵。

단어	병음	뜻
▪ 祈求	[qíqiú]	동 간청하다, 간구하다

예) 他祈求能早日回家。

단어	병음	뜻
▪ 保佑	[bǎoyòu]	동 보우하다, 돕다

예) 老天爷！保佑我吧！

단어	병음	뜻
▪ 五谷丰登	[wǔgǔfēngdēng]	성어 오곡이 풍성하다, 풍년이 들다

예) 农民最大的愿望是五谷丰登。

단어	병음	뜻
▪ 摔跤	[shuāijiāo]	명 씨름

예) 奥运会摔跤项目分为古典式摔跤和自由式摔跤。

단어	병음	뜻
▪ 荡秋千	[dàngqiūqiān]	동 그네를 뛰다

예) 小猴子在丛林中荡秋千。

단어	병음	뜻
▪ 拔河	[báhé]	명 줄다리기

예) 拔河是双方对拉一根粗绳进行角力的体育活动。

단어	병음	뜻
▪ 射箭	[shèjiàn]	동 활을 쏘다 (또는 활쏘기)

예) 韩国射箭队是老牌的世界一流强队。

단어	병음	뜻
▪ 假面舞	[jiǎmiànwǔ]	명 탈춤

예) 假面舞是一种由跳舞者带着面具的舞蹈。

단어	병음	뜻
▪ 烟火	[yānhuo]	명 불꽃

예) 放烟火是中国古老的节日民俗活动。

단어	병음	뜻
▪ 放灯	[fàngdēng]	등불을 장식하는 일

예) 放灯是一种中国传统节日风俗。

단어	병음	뜻
▪ 车轮饼	[chēlúnbǐng]	명 차륜병 (수레바퀴 모양의 푸른색 쑥 절편)

예) 车轮饼是用艾叶做的像车轮一样的艾糕。

본문 독해 _ 端午节

■ 문장에서 중심 술어를 찾으면서 읽어보세요.

农历五月初五，是中国民间的传统节日——端午节。端
Nóng lì wǔ yuè chū wǔ shì Zhōngguó mínjiān de chuán tǒng jié rì Duān wǔ jié Duān
午节又被称为“端阳节”。
wǔ jié yòu bèi chēngwéi Duān yáng jié

过端午节是中国人的传统习惯。端午节不但在中国，而
Guò Duān wǔ jié shì Zhōngguó rén de chuán tǒng xí guàn Duān wǔ jié bú dàn zài Zhōng guó ér
且在邻近各国都有了很大的影响。有些活动，如赛龙舟已成
qiě zài lín jìn gè guó dōu yǒu le hěn dà de yǐng xiǎng Yǒu xiē huó dòng rú sài lóng zhōu yǐ chéng
为了国际性的体育比赛。过端午节是为了纪念屈原，人们把
wéi le guó jì xìng de tǐ yù bǐ sài Guò Duān wǔ jié shì wèi le jì niàn Qū yuán rén men bǎ
端午节的习俗龙舟和吃粽子等，都与纪念屈原联系在一起。
Duān wǔ jié de sísú lóng zhōu hé chī zòng zi děng dōu yǔ jì niàn Qū yuán lián xì zài yì qǐ

韩国的传统端午节用菖蒲水洗头，然后再洗澡，这样做
Hán guó de chuán tǒng Duān wǔ jié yòng chāng pú shuǐ xǐ tóu rán hòu zài xǐ zǎo zhè yàng zuò
的话一年里都可以非常健康。现在，只有江陵地区的“江陵端
de huà yì nián li dōu kě yǐ fēi cháng jiàn kāng Xiàn zài zhǐ yǒu Jiānglíng dì qū de Jiānglíng Duān
午祭”流传了下来。
wǔ jì liú chuán le xia lai

中国人的端午节是纪念屈原，而韩国人在这一节日里祭
Zhōngguó rén de Duān wǔ jié shì jì niàn Qū yuán ér Hánguó rén zài zhè yī jié rì li jì
的是各路神灵，祈求保佑一年五谷丰登。韩国端午节的时候，
de shì gè lù shén líng qí qiú bǎoyòu yì nián wǔ gǔ fēng dēng Hánguó Duān wǔ jié de shí hou
还会有摔跤、荡秋千、拔河、射箭等比赛以及假面舞、烟
hái huì yǒu shuāi jiāo dàng qiū qiān bá hé shè jiàn děng bǐ sài yǐ jí jiǎ miàn wǔ yān

火表演、端午放灯等活动。韩国端午节的特色食品是“车轮饼”。
huo biǎoyǎn duān wǔ fàng dēng děng huó dòng Hánguó Duān wǔ jié de tè sè shí pǐn shì chē lún bǐng

독해시간 : 1분 50초 (305자)

문법 도우미

被자문(被字句)이란?

주어(피행위자: 행위를 받는 주체)가 목적어(행위자)에 의해 어떤 동작을 당하거나 그 영향을 받아서 변화하였음을 나타내는 피동 의미의 문형을 '피동문'이라고 하며, 주로 '被'를 사용하여 나타낸다.

기본 문형

주어(피행위자) + 被 + 목적어(행위자) + 술어 + 기타성분

예) 端午节又被称为"端阳节"。
玉宝被地主打了一顿。
那张茶桌被他们搬到那个房间去了。

被자문의 특징

- 주어는 말하는 이와 듣는 이가 모두 알고 있는 특정한 대상이어야 한다.
  예) 姐姐被她朋友叫出去了。
- '被'자문에서 동사는 단독으로 술어가 될 수 없으며, 술어 뒤에 변화를 나타내는 보어나 동태조사 '了', '过' 등을 동반하여 나타난다.
  예) 杯子被他打破了。
- '被'자문에서 목적어(행위자)는 생략될 수도 있다.
  예) 那个人被(大家)选做小组长了。

而의 용법

▣ '而且'의 의미 : '게다가', '또한' (병렬관계 표시)

예) 这篇文章文笔简练而生动。

▣ '然而'의 의미 : '그러나', '그렇지만' (상반관계 표시)

예) 中国人在端午节纪念屈原，而韩国人在这一节日里祭的是各路神灵，祈求一年五谷丰登。

문형 도우미

▣ 不但 A 而且 B ~ : A 뿐만 아니라 B도 ~하다.

예) ① 端午节不但在中国，而且在邻近各国都有了很大的影响。
A B

② 商店里的用品不但质量好，而且品种齐全。
A B

문형연습) ______不但______，而且______。

본문 확인 문제

- 본문을 읽고 다음 질문에 답해보세요.

一. 结合课文，选择正确选项。

1. 端午节是几月几号？

 1) 五月初二　　2) 五月初八　　3) 五月初五

2. 中国的端午节做什么？

 1) 荡秋千　　2) 赛龙舟　　3) 射箭

3. 韩国过端午节的地区是？

 1) 首尔　　2) 江陵　　3) 釜山

二. 结合课文，判断对错(O/X)

1. 在中国过端午节时吃车轮饼。 (　)
2. 中国人的端午节是为了纪念屈原。 (　)
3. 在韩国过端午节的时候，会有摔跤、拔河、赛龙舟等比赛。 (　)

三. 请把下列词语按正确的顺序排列。

1. 被 / 诗仙 / 称为 / 李白

 ____

2. 可爱 / 不但 / 聪明 / 他 / 而且

 ____

四. 根据下面的词语，在图片下方填上合适的词语。

粽子　摔跤　拔河　荡秋千　赛龙舟　车轮饼

쉬엄쉬엄 성어한마디

每天一句成语

“人声鼎沸” [rénshēngdǐngfèi]

⇨ 사람 소리가 들끓는다. (왁자지껄하다.)

예문) 春节到了，大街上人声鼎沸，购买年货的人很多。

◐ 단어도우미 ◑

▪ 年货	[niánhuò]	명 (춘련, 설빔, 설음식 등) 설맞이 용품

독해 더하기_1

端午节在越南被称为“杀虫节”。越南也是五月初五过端午节，因为换季，容易出现疫病，因此人们喝甜酒、吃酸果等等，除病杀虫。

端午节的早上，人们会在孩子的手腕、脚腕、脖子上系上五色线。据说，系五色线的儿童可以避开蛇、蝎的伤害。

◐ 단어도우미 ◑

▪ 越南	[Yuènán]	명 베트남
▪ 杀虫	[shāchóng]	동 벌레를 죽이다, 살충하다
▪ 换季	[huànjì]	동 계절이 바뀌다
▪ 疫病	[yìbìng]	명 전염병, 역병
▪ 因此	[yīncǐ]	접 그래서, 그러므로
▪ 除	[chú]	동 없애다, 제거하다
▪ 手腕	[shǒuwàn]	명 손목, 팔목
▪ 脚腕	[jiǎowàn]	명 발목
▪ 脖子	[bózi]	명 목
▪ 据说	[jùshuō]	동 전해지는 (들리는) 말에 의하면 ~라 한다
▪ 避开	[bìkāi]	동 피하다
▪ 蛇蝎	[shéxiē]	명 뱀과 전갈
▪ 伤害	[shānghài]	동 다치게 하다, 상처를 주다

问答) 结合上文，回答以下问题。

1. 越南什么时候过端午节？
2. 端午节又被称为什么？
3. 人们为什么喝甜酒、吃酸果？
4. 人们为什么系五色线？

독해 더하기_2

端午节这天，中国民间有采艾草的习俗。艾草要在太阳出来前采回来，把整棵的艾草插在门上、窗户上，不让鬼怪和灾病进来，保佑家人的健康平安。有人还喜欢用艾叶泡水洗脸，或者掐下一段插在鬓间，这样做也是为了辟邪去病。

◐ 단어도우미 ◑

▪ 采	[cǎi]	동 따다, 채집하다
▪ 艾草	[àicǎo]	명 쑥
▪ 习俗	[xísú]	명 풍속
▪ 棵	[kē]	양 그루, 포기
▪ 插	[chā]	동 끼우다, 꽂다
▪ 鬼怪	[guǐguài]	명 요괴, 도깨비
▪ 灾病	[zāibìng]	명 질병
▪ 艾叶	[àiyè]	명 쑥잎
▪ 泡	[pào]	동 (액체에) 담그다
▪ 掐	[qiā]	동 꺾다, 끊다
▪ 一段	[yīduàn]	명 한 단락 (일부)
▪ 鬓	[bìn]	명 살쩍, 빈모 (관자놀이와 귀 사이에 난 머리털)
▪ 辟邪	[bìxié]	동 악귀를 물리치다, 액막이를 하다
▪ 去病	[qù//bìng]	동 병을 없애다 (물리치다)

问答) 一. 请选出不属于艾蒿功能的一项。(　)

1. 可以食用　2. 可以辟邪　3. 可以治病　4. 可以观赏

二. 请说一说艾草在韩国有什么用途。

단어 확인 노트

■ 독해 더하기 1, 2에서 학습한 단어를 복습해 보세요.

选词填空

掐	因此	避开	泡	伤害	插	换季	去病	据说	习俗

1. 每到(　　)的时候我总感冒。

2. 因为她转头(zhuǎntóu 고개를 돌리다)(　　)了他的视线(shì xiàn 시선)，他感到难以形容(nányǐ xíngróng 형용할 수 없는)的悲哀(bēi 'āi 슬픔)。

3. (　　)人事部(rén shì bù 인사부)的小李马上就要升级(shēng jí 승진하다)了。

4. 奶奶把枯死(kū sǐ 말라 죽다)的叶子(　　)掉了。

[참고] 아래의 a와 b는 동일한 단어.

5. 宁愿被敌人(dí rén 적)(a.　　)也不愿被朋友(b.　　)。

참고)

宁愿 A，也（不）B
차라리 A 할지언정 B하겠다.
(B하지 않겠다)

중국 문화 엿보기

쫑즈(粽子) 만들기

① 자신이 좋아하는 각종 잡곡으로 속을 준비한다.

② 대나무 잎을 준비한다.

③ 두 개의 잎으로 둥글게 말아준다.

④ 둥근 공간 안에 속을 가득 채워 넣는다.

⑤ 밖으로 나와있는 잎을 천천히 말아준다.

⑥ 꼬리부분을 살짝 남기고 말아준다.

⑦ 남은 꼬리 부분을 엄지를 이용해 말아준다.

⑧ 남은 부분을 아래로 접어준다.

⑨ 실을 사용해 십자가 모양으로 묶어준다.

⑩ 솥의 30% 정도의 물과 1시간 정도 삶아준다.

완~~성!!

제12과

网络购物

문법 도우미 • '越来越'와 '越 A 越 B'

문형 도우미 • A 还是 B

단어 도우미

▪ 网络	[wǎngluò]	명 네트워크, 웹

예) 计算机网络将我们的生活联系得越来越紧密。

▪ 购物	[gòuwù]	동 물건을 사다, 쇼핑하다

예) 目前, 买东西不一定要去商场, 可以在网上购物。

▪ 互联网	[hùliánwǎng]	명 인터넷

예) 如何通过互联网改变我们的生活？

▪ 支付	[zhīfù]	동 지불하다, 지급하다

예) 用手机支付费用的时代已经开始了!

▪ 付款	[fùkuǎn]	동 돈을 내다, 계산하다

예) 我们的房租一定要按月付款。

▪ 快递	[kuàidì]	명 택배

예) 快递是一种新型的运输方式。

▪ 送货	[sònghuò]	동 상품을 보내다, 배달하다

예) 我们公司提供免费送货上门服务。

▪ 节奏	[jiézòu]	명 (일이나 활동의) 리듬, 흐름

예) 现代人的生活节奏太快了。

▪ 逛街	[guàngjiē]	동 거리를 구경하다, 쇼핑하다

예) 去香港逛街购物是女人的心愿。

▪ 消费	[xiāofèi]	명 소비

예) 这份报告揭示了年轻人的消费特点。

▪ 群体	[qúntǐ]	명 집단, 단체

예) 我们要关注社会弱势群体。

足不出户	[zūbùchūhù]	외출하지 않고 집에만 박혀 있다

예) 这种足不出户的生活几乎等于坟墓生活。

样式	[yàngshì]	명 형식, 양식, 모양

예) 妈妈买的新衣服样式很好看。

应有尽有	[yīngyǒujìnyǒu]	성어 있어야 할 것은 모두 다 있다

예) 书店里各类图书应有尽有。

下单	[xiàdān]	동 주문하다

예) 今天下单, 明天早上8点出货。

快捷	[kuàijié]	형 재빠르다, 민첩하다

예) 智能手机功能齐全, 方便快捷。

保障	[bǎozhàng]	동 보장하다, 보증하다

예) 我们要切实保障人民群众用药安全。

假冒伪劣	[jiǎmàowěiliè]	명 모조품 (질이 좋지 않은 제품)

예) 假冒伪劣商品可以分为假冒商品和劣质商品两种类型。

体验	[tǐyàn]	동 체험하다

예) 我想体验一下自由旅行。

盲从	[mángcóng]	동 맹목적으로 따르다

예) 要有自己的立场, 不能盲从。

根据	[gēnjù]	개 ~에 근거하여, ~에 따라

예) 买房要根据自己实际情况选择。

实体店	[shítǐdiàn]	명 오프라인 매장

예) 实体店选购更可靠。

본문 독해 _ 网络购物

■ 문장에서 중심 술어를 찾으면서 읽어보세요.

网络购物简称网购，就是通过互联网购买商品。买
Wǎng luò gòu wù jiǎn chēng wǎng gòu jiù shì tōng guò hù lián wǎng gòu mǎi shāng pǐn Mǎi

家可以在网上支付，也可以货到付款；卖家通过快递公
jiā kě yǐ zài wǎng shàng zhī fù yě kě yǐ huò dào fù kuǎn mài jiā tōng guò kuài dì gōng

司送货上门。现代人的生活节奏**越来越**快，逛街购物常
sī sòng huò shàng mén Xiàn dài rén de shēng huó jié zòu yuè lái yuè kuài guàng jiē gòu wù cháng

常要花很多时间和体力。所以，上班族成了网购的最大
cháng yào huā hěn duō shí jiān hé tǐ lì suǒ yǐ shàng bān zú chéng le wǎng gòu de zuì dà

消费群体，另外，家庭主妇和学生也很喜欢在网上买东
xiāo fèi qún tǐ lìng wài jiā tíng zhǔ fù hé xué shēng yě hěn xǐ huan zài wǎng shàng mǎi dōng

西。
xi

网络购物有很多优点，比如：足不出户就能轻松购
Wǎng luò gòu wù yǒu hěn duō yōu diǎn bǐ rú zú bù chū hù jiù néng qīng sōng gòu

物，而且品种全、样式多、价格便宜，想买的东西应有
wù ér qiě pǐn zhǒng quán yàng shì duō jià gé pián yi xiǎng mǎi de dōng xi yīng yǒu

尽有。下单之后就发货，方便又快捷。
jìn yǒu Xià dān zhī hòu jiù fā huò fāng biàn yòu kuài jié

但网络购物也有很大的缺点，比如：商品质量无法
Dàn wǎng luò gòu wù yě yǒu hěn dà de quē diǎn bǐ rú shāng pǐn zhì liàng wú fǎ

保障，假冒伪劣现象严重。再比如：网络购物只能看图
bǎo zhàng jiǎ mào wěi liè xiàn xiàng yán zhòng Zài bǐ rú wǎng luò gòu wù zhǐ néng kàn tú

片、描述和评价等，不能用手摸或直接体验，因此很多
piàn miáo shù hé píng jià děng bù néng yòng shǒu mō huò zhí jiē tǐ yàn yīn cǐ hěn duō

商品买到后，发现和网络图片上的差异很大。
shāng pǐn mǎi dào hòu fā xiàn hé wǎng luò tú piàn shàng de chā yì hěn dà

现在，网络购物**越来越**热，但大家不要盲从，要根据自己的情况决定在网上买，还是去实体店里买。
Xiàn zài wǎng luò gòu wù yuè lái yuè rè dàn dà jiā bú yào máng cóng yào gēn jù zì jǐ de qíngkuàng jué dìng zài wǎng shàng mǎi hái shì qù shí tǐ diàn li mǎi

독해시간 : 1분 50초 (322자)

문법 도우미

'越来越'와 '越 A 越 B'에 대해서

'越来越'는 시간의 흐름에 따라 끊임없이 발전 혹은 변화하거나 정도가 심해지는 상태를 나타내며, 전체 의미는 '갈수록 (점점) 더 ~하다'라고 쓴다. 또한 '越 A 越 B'의 형식으로도 쓰며, 그 의미는 'A 할수록 B하다'이다.

▣ 기본 문형 :

① 越来越 + 형용사 / 동사

예) 现代人的生活节奏越来越快。
现在的人越来越离不开手机了。
人工智能的理论和技術越来越成熟，应用范围也在不断扩大。
这家公司由于注重诚信，发展得越来越好，客户也越来越多。

② 越 + A (형용사 / 동사) + 越 + B (형용사 / 동사)

예) 背面的光越强烈，前面的脸越模糊。
不要总是想不开心的事情，越想越不开心。

참고)

이 표현에서 동사는 '发展', '进步' 등과 같이 추이, 경과의 의미를 지닌 대상을 주로 사용한다. 또 한 가지 주의할 점은 '越' 뒤에 오는 형용사는 정도부사(很, 非常, 比較등)와 함께 쓰이지 못한다.

문형 도우미

▣ **A 还是 B : A 아니면 B**

예) ① 大家不要盲从，要根据自己的情况决定在网上买(A)，还是去实体店里买(B)。

② 正确答案是 A(A) 还是 B(B)？

문형연습) ________，还是________。

본문 확인 문제

■ 본문을 읽고 다음 질문에 답해보세요.

一. 根据上面的内容回答问题。

1. 大家为什么喜欢网络购物？
2. 网络购物有什么优点？

二. 结合课文，判断对错。(O/X)

1. 网络购物不可以货到付款。 ( )
2. 网络购物不能直接体验。 ( )
3. 家庭主妇不喜欢网络购物。 ( )
4. 网络购物的产品质量可以百分之百得到保障。 ( )

三. 结合课文，选择正确的一项。（ ）

1. 网络购物需要很多时间和体力。
2. 学生是网络购物的最大消费群体。
3. 网络购物既方便又快捷。
4. 网络购物虽然品种不多，但很便宜。

쉬엄쉬엄
성어한마디

每天一句成语

“物美价廉”[wùměijiàlián] (价廉物美)

⇨ 값도 싸고 물건도 좋다는 의미를 나타낸다.

예문) 人们对**物美价廉**智能手机的兴趣日益增长。

◐ 단어도우미 ◑

▪ 智能手机	[zhìnéngshǒujī]	명 스마트폰
▪ 日益	[rìyì]	부 나날이, 더욱

독해 더하기_1

李太太是网购达人，双十一购物狂欢节这天，李先生非常紧张。下班刚到家，就不安地问：“老婆，今天买了多少啊？”李太太回答道：“五六百吧。”李先生非常高兴：“还行，有进步！五六百不算多。”李太太看了李先生一眼，慢悠悠地说：“是五六百个订单！”

李先生一听，赶紧给他的好朋友打电话：“哥们儿，借我五万块钱，我家出车祸了！”朋友忙问：“谁出车祸了？什么车啊？”李先生说：“我老婆，购物车……。”

◐ 단어도우미 ◑

▪ 达人	[dárén]	명 달인
▪ 双十一购物狂欢节	[shuāngshíyīgòu wùkuánghuānjié]	중국의 11월11일은 솔로데이로 불린다. 이날은 미국의 블랙 프라이데이처럼 소비자의 구매가 집중된다.
▪ 老婆	[lǎopo]	명 마누라, 처
▪ 慢悠悠	[mànyōuyōu]	형 느릿느릿하게, 어슬렁어슬렁 거리며
▪ 订单	[dìngdān]	명 주문서
▪ 赶紧	[gǎnjǐn]	부 서둘러, 재빨리
▪ 车祸	[chēhuò]	명 교통사고

问答) 选出符合本文的一项 ( )

1. 李太太不是网购达人。
2. 李太太花了五六百块。
3. 李太太出车祸了。
4. 李太太网上购物让李先生非常紧张。

독해 더하기_2

最近两年，越来越多的人开始选择在实体店买东西了。因为实体店注重质量、信誉、服务和买家的体验感。实体店讲究的是拉回头客，如果商品质量好，价格公平，售后服务周到，很多顾客就会成为回头客。如果实体店卖假货，或口碑不好，就会伤了老顾客，没了回头客，影响了潜在顾客，那么生意就很难做下去了。因此，在实体店买东西更让人放心和舒心。

◐ 단어도우미 ◑

단어	병음	뜻
▪ 注重	[zhùzhòng]	동 중시하다
▪ 信誉	[xìnyù]	명 신용과 명예 (위신)
▪ 服务	[fúwù]	명 서비스
▪ 讲究	[jiǎngjiu]	동 ~에 정성들이다, 신경 쓰다
▪ 回头客	[huítóukè]	명 다시 찾는 손님
▪ 公平	[gōng·píng]	형 공평하다
▪ 售	[shòu]	동 판매하다
▪ 周到	[zhōudào]	형 세심하다, 세밀하다
▪ 顾客	[gùkè]	명 고객
▪ 口碑	[kǒubēi]	명 입소문
▪ 潜在	[qiánzài]	동 잠재하다
▪ 生意	[shēngyi]	명 장사, 영업
▪ 舒心	[shūxīn]	형 마음이 편하다

问答) 在实体店买东西的优点是什么？

단어 확인 노트

- 독해 더하기 1, 2에서 학습한 단어를 복습해보세요.

选词填空

周到 订单 服务 慢悠悠 注重 公平 车祸 生意 信誉 赶紧

1. 面对问题, 两个人总比一个人考虑(kǎo lǜ, 고려하다)得(　　)。

2. 我并不(　　)人的外貌(wàimào, 외모, 생김새)特征, 性格(xìng gé, 성격)和人格(rén gé, 인품)魅力(mèi lì, 매력)才是第一位的。

[참고] 아래의 a와b는 동일한 단어.

3. 有些你觉得(a.　　)的事, 也许(yě xǔ, 어쩌면, 아마도)别人觉得不(b.　　)。

4. 时间不多了，咱们(　　)上车吧！

5. 她平时办事很快, 五点就结束(jié shù, 마치다)了，但今天她故意(gù yì, 고의로, 일부러)(　　)地干着。

중국 문화 엿보기

중국의 온라인 쇼핑몰

티엔마오(天猫)온라인 쇼핑몰은 일반 사람들도 오픈할 수 있는 타오바오(淘宝)와는 달리, 타오바오에서 기업인증과 제품 정품인증을 받은 사업자들의 C2C온라인 오픈마켓입니다. 타오바오내에서도 제품 아래에 검은색 고양이가 고개를 내밀고 있는 표시를 통해 티엔마오 제품임을 확인 하여 구매 할 수 있습니다.	징동(京东)은 세계 4대 온라인 쇼핑몰 회사 중 하나로 개인판매자가 없고, 소비자들이 믿고 구매할 수 있는 제품만 판매합니다.징동의 창시자가 타오바오를 이기기 위해 점을 보러 갔는데 고양이 캐릭터를 가진 티엔마오를 이기기 위해서 개를 캐릭터로 하라는 이야기를 들었다는 설이 있습니다.	중국내에서 경쟁력있고 영향력있는 플랫폼 중 하나로 자리잡은 웨이핀후이(唯品会)는 1600개가 넘는 브랜드와 독점 계약을 맺어 특가 판매를 하고 있으며, 매일 아침 10시와 저녁 8시에 최저가 한정판매 이벤트를 진행하기도 합니다.	우리나라의 '11번가', 'G마켓', '옥션'과 같은 개인 C2C 온라인 오픈마켓으로 중국 최대의 온라인 쇼핑몰 회사이며, 세계 4대 온라인 쇼핑몰에 속합니다. 넓은 소비자 계층과 상품분류들을 보면 "타오바오(淘宝)에서 구할 수 없는 물건은 중국에 없다"라는 이야기가 나올 정도입니다.

쇼핑할 때의 결제 방식

알리페이(支付宝), 위챗페이(微信支付)등은 신용카드나 현금결제보다 더 자주 사용되는 온라인 금융 결제 서비스 입니다. 위챗페이는 단순한 결제 서비스뿐만 아니라 콜택시 서비스, 대출 및 펀드 가입, 각종 요금 납부 등 다양한 서비스를 제공하고 있는 플랫폼으로 온·오프라인에서 모바일 결제 및 다양한 곳에서 우리의 쇼핑 생활과 밀접하게 연관되어 있습니다.

MEMO

본문 해석

제1과 烟酒糖茶

담배, 술, 사탕, 차는 중국인들의 일상생활의 필수적인 소비품이며, 더군다나 필수 불가결한 명절 선물이다. 명절 외에도, 혼담이 오가거나 친정 집에 갈 때, 결혼식 혹은 장례식 등에서도 이러한 물건이 빠질 수 없다. 담배, 술, 사탕, 차는 심지어 어려웠던 시기에는 사치품이 되기도 하였다.

비록 담배, 술, 사탕, 차가 기름, 소금, 간장, 식초와 같이 보편적인 물건이긴 하지만, 중국의 장대한 문화 속에서는 특별한 의미를 지니며, 특히, 술과 차는 고대의 운문(중국 시가 문학 형식)에 자주 등장한다. 만약 이백에게 술이 없었다면 그토록 많은 감동적인 시사를 쓸 수가 없었을 것이며, 만약 차가 없었다면 '차마고도'도 존재하지 않았을 것이다. 사람들은 일상생활에서 이러한 물건들과 떨어질 수 없기 때문에, 담배, 술, 사탕, 차가 비로소 중국인들이 좋아하는 선물이 될 수 있었다.

제2과 彩虹

"우와, 비가 그쳤어! 비가 그쳤어!" 나는 기뻐서 환호하기 시작했다. 모두들 잇달아 교실에서 달려 나와 물웅덩이에서 뛰면서, 신이 나서 놀고 있었다. 내가 창문을 열었을 때, 길고 긴 색 띠가 하늘에 걸려 있는 것을 보았다. "저것은 뭐야? 오색 종이테이프 같은데." 나는 놀라며 물었다. "저건 무지개야. 네가 무지개를 오색 종이테이프라고 생각했구나." 샤오밍이 웃으며 내게 말했다. 이는 내가 처음으로 본 무지개인데, 본래 무지개는 일곱 빛깔의 각기 다른 색으로 이루어져 있고, 빨주노초파남보, 또한 두 개의 다른 색깔 사이에는 중간색이 있어서, 색채가 내가 상상 했던 것보다 더 아름다웠다. 무지개는 또 하늘에 걸려있는 다리처럼 보여서, 우리가 이 다리에 올라타면, 세계의 모든 곳을 여행할 수 있을 것만 같았다. 맑고 푸른 하늘 아래에 걸려 있는 오색찬란한 무지개는 정말 아름다웠다.

제3과 葡萄干

중국인들이 즐겨 먹는 간식은 여러 가지가 있는데, 그 가운데 하나가 바로 건포도이다. '투루판(吐鲁番)'에 '푸타오거우(葡萄沟)'라는 곳이 있는데, 거기에서 포도를 생산한다. 가을이 되면 포도가 익어가고, 한 송이 한 송이씩 푸른 잎사귀 아래로 달리는데, 자홍색도 있고, 연두색도 있는 것이, 매우 아름답다. 이 시기에 당신이 푸타오거우에 가면, 친절하고 손님을 좋아하는 위구루족 사람들의 고향에 가면, 가장 달콤한 포도를 따서 당신이 마음껏

먹을 수 있도록 해줄 것이다. 수확한 포도 중에서 일부는 도시로 보내고, 일부는 암실에서 건포도를 만든다. 암실의 사면에는 수많은 작은 구멍이 있으며, 그 안에는 나무 선반이 많이 있다. 포도를 나무 선반에 걸고 따뜻한 공기를 쐬면 수분이 증발되어서 건포도가 된다. 이곳에서 생산되는 건포도는 빛깔이 선명하고, 맛이 달아서, 매우 유명하다. 푸타오거우는 정말 좋은 곳이다.

제4과 朋友和我的自行车

나에게는 친구가 한 명 있다. 그는 나보다 한 살 어리고, 키는 나보다 작으며, 얼굴은 나처럼 말랐고, 눈은 아주 작고, 웃으면 눈이 위쪽으로 휘는 것이 마치 두 개의 초승달 같다. 그는 목소리가 아주 독특한데, 그가 말하기 시작하면, 5리 밖에 있는 사람도 그의 높고 가느다란 소리를 들을 수 있다.

어느 날, 나는 중고 자전거를 한 대 사고는, 막 몇 바퀴를 타고 돌았는데, 누군가가 도둑 잡아라 라고 외치는 말이 바로 들려왔다. 알고 보니 그 날 내 친구의 자전거가 도둑을 맞았다. 그는 멀리서 내 자전거가 뜻밖에도 그날 그가 도둑맞은 자전거와 정말 똑 같음을 발견하고는, 바로 뛰어오면서 소리쳤다. "도둑이야, 도둑 잡아라! 저 놈이 내 자전거를 훔쳐간다!" 주변에 있던 사람들이 그의 목소리를 듣고서 모두 내 주위로 모여들었다. 갑자기 어떤 사람이 내 팔을 바싹 붙잡으면서 말했다. "도망쳐!" 그때 나는 예전에 누군가가 어떤 나쁜 사람이 자전거를 훔치고는 다른 사람에게 되판다는 말이 생각이 났다. 내 친구는 내 근처로 재빨리 다가왔었고, 나는 그 주인장의 팔을 꽉 잡으면서, 그에게 말했다: "주인장, 당신 사람 잘못 택했어, 당신이 훔친 것은 내 친구의 자전거야!"

제5과 蜗牛的小房子

달팽이는 말랑말랑한 작은 동물이라서 아주 쉽게 상처를 입는데, 다행히도 그들에게는 나선형의 등껍질이 있어서, 작은 집과 같이 그들을 보호한다. 달팽이가 어디를 가든지 등에 집을 지고 다닌다. 이 작은 집은 용도가 매우 다양한데, 달팽이가 놀라거나 위험 할 때, 즉시 머리부터 꼬리까지 재빨리 수축시켜 집으로 숨어 들어간다. 이뿐 아니라, 달팽이의 심장, 폐 등 모든 중요 기관 모두 이 안에 들어 있다. 가을이 되면 달팽이는 안전한 곳으로 숨어들어가서 껍질의 입구를 닫고는, 최대한 껍질을 두껍게 하고, 겨울의 한파를 막기 위한 철저한 준비를 한다.

달팽이 껍질은 달팽이에게 매우 중요하다. 만약 심하게 파손된다면, 달팽이는 천천히 죽어갈 것이다.

달팽이는 무거운 작은 집을 등에 매고 있어 매우 느리게 기어간다, 이 때문에 중국문화에서, 달팽이는 느림과 뒤쳐짐을 상징한다. 행동이 느린 사람을 만나면 사람들은 그 사람을 흔히 달팽이처럼 느리다고 한다.

제6과 有趣的杂技

어제, 아빠엄마가 나를 데리고 서커스단에 가서 동물들의 서커스 연기를 보았는데, 매우 흥미로웠다. 첫 번째 공연은 사자가 불 고리를 뛰어넘는 것으로, 아주 큰 사자가 불 고리를 뛰어 오고 가는 것으로 사람들을 긴장하게 하고 또 긴장시키는 것이었다. 그 다음 공연은 영리한 작은 원숭이 한 마리가 무대 위에서 익살스러운 동작을 선보이고, 춤도 추어, 관중들에게 하하거리며 크게 웃음 소리를 자아내는 것이었다. 그 외에, 산양의 외줄 타기, 작은 강아지의 자전거를 타기, 반달곰의 텀블링 하기 등의 수많은 재미있는 공연이 있었다. 마지막 공연은 앵무새의 돈 줍기 이었는데, 관중들이 손에 돈을 쥐기만 하면, 앵무새가 즉시 날아와서, 돈을 물고 날아서, 자신의 주인에게 전해 주는 것이었는데, 정말 영리한 앵무새라고 생각되었다! 그것의 주인은 참 돈 잘 벌겠다. 다 자란 후에, 나는 조련사가 되어서, 이렇게 똑똑하고 귀여운 동물들을 훈련하고 싶다.

제7과 如何选对好牛奶?

사람들의 건강에 대한 의식이 점점 더 높아짐에 따라, 사람들은 유제품에 대한 관심도 갈수록 높아지고 있다.

시장에 나와 있는 우유의 종류는 매우 다양한데, 많은 사람들이 각각의 우유가 비슷하다고 생각하지만, 전문가들은 배합된 원료, 영양성분 등에서 적지 않은 차이가 나기 때문에 유제품 또한 그 차이가 크다고 생각한다. 우유는 생우유와 그렇지 않은 우유로 구분된다. 모든 포장된 우유가 생우유라고 여겨서는 안 된다. 진정한 '생(순수한)' 우유의 원료 목록 표에 단지 '원유'라고 되어있다.

우유에서 가장 중요한 영양 성분은 단백질인데, 100밀리리터의 우유에는 2.9그램 이상의 단백질이 포함되어 있어야 하며, 그렇지 않으면 우유라고 부를 수 없다. 사실, 좋은 우유를 고르는 것이 결코 어렵지는 않다. 우선 '생우유'의 영양 성분표를 확실하게 보아야 한다. 그런 다음 우유의 생산지와 상표에 주의한다면 좋은 우유를 고를 수 있다.

제8과 离不开手机的生活

과학기술이 급속히 발전해 가면서 현대화의 산물들이 우리들의 삶에 조금씩 침투하고 있으며, 이는 우리들의 생활을 더욱 편리하고 쾌적하게 만들어 주고 있다. 휴대폰은 현 시대의 첨단 기술이 집약된 상품중의 하나로써, 위로는 70~80대의 노인에서부터 아래로 대여섯 살의 아이들까지 많은 사람들이 휴대폰을 사용하고 있다.

아침에는 휴대폰의 알람으로 스스로 깨우고; 일어난 이후, 이어서 휴대폰을 쥐고서 웨이보를 확인하고, 웨이신을 보고, 채팅하고, 게임하고, 소설을 본다. 밥을 먹으면서도 휴대폰 보고, 화장실에 가서도 휴대폰을 보며, 걸어가면서도 휴대폰을 본다, 잠자는 시간 이외에 나머지 시간은 휴대폰과 한 몸이 된다.

만약 휴대폰이 보이지 않으면, 그럼 큰 일이 나는 것이다. 집안 전체를 뒤집어 놓고도 모자랄 정도로 큰일이 된다. 사용하지 않을지라도 그 것을 옆에 두어야지, 그렇지 않으면 일이 손에 잡히지 않는다.

현대인들은 점점 더 휴대폰에서 벗어나지 못하고 있고, 이 때문에 사람과 사람 사이의 관계는 점점 더 삭막해지고 있어, 직접 대면을 하더라도 이야기할 거리가 없으니, 시간을 모조리 휴대폰에 허비하고 있는 것 같다.

우리가 매일 이렇게 휴대폰을 하는 것은 매우 좋지 않다. 휴대폰을 내려놓고 이 아름다운 세상을 살펴보자! 당신 주위의 친구들에게 관심을 가지자!

제9과 高考

고대중국에서는, 관원을 임명할 때 과거시험을 진행해야 했으며, 과거시험은 1300여년의 역사를 지녔지만, 1905년 청나라에 의해서 폐기 되었고, 당시에 청나라 정부는 서양의 학교 시험제도를 도입하였다. 1952년, 新중국은 전국 통일의 고등교육기관 학생모집제도, 간략하게 '까오카오(高考)'를 만들었다. 2003년부터 까오카오 시험은 매년 6월 7, 8, 9일의 3일로 교체 하였으며, 고등학교 졸업 또는 동등학력을 갖춘 학생들이 참가할 수 있게 되었다.

까오카오 시험의 현행방안은 "3+X"방안으로: "3"은 "어문, 수학, 외국어"이고, "X"는 학생이 자신의 의향에 맞추어, 문과종합(정치, 역사, 지리)과 이과종합(물리, 화학, 생물)의 두 종합과목 중에서, 한 과목을 선택하는 것이다. 이 시험방안은 현재 전국에서 제일 보편화되고, 제일 숙련된 방안으로 대부분의 성과 직할시에서 사용이 된다. 까오카오 시험은 총점은 750점(어문 150점, 수학 150점, 외국어 150점, 문과종합/이과종합 300)이다. 북경, 천진, 강소, 상해, 절강 등 5개 성과 직할시가 단독적으로 문제를 출제하는 것 이외에, 전국적으로 26개의 성이 전국 통일의 시험문제를 채택하고 있다.

제10과 人工智能

인공지능은 영문으로 줄여서 AI로 쓴다. 이는 새로운 과학 기술을 말하며, 컴퓨터 과학의 한 분야이다. 간단하게 말하자면, 인공지능이란 기계가 인간을 대신하는 것이고, 인간의 지능으로 할 수 잇는 일을 대신하게 하는 것이다. 인공지능은 인간이 의식하고 사유하는 과정을 모방할 수 있다. 인공지능이 인간 (본연의) 지능은 아니지만, 인간과 유사하게 사고할 수 있으며 또는 인간의 지능을 뛰어넘을 수도 있다.

인공지능의 영역 연구는 로봇, 언어인식, 이미지 인식, 자연언어 처리, 엑스퍼트 시스템 등이 있다. 인공지능의 이론과 기술은 점점 더 성숙해지고, 응용범위도 끊임없이 확대 되고 있다. 우리의 일상 생활에서, 자주 인공지능을 접하는데, 예를 들면: 지문인식, 안면인식, 홍채인식, 지능검색 등이 있다. 인공지능은 매우 도전적인 과학기술이고, 미래에는 더욱 더 발전할 것이다.

제11과 端午节

음력 5월 5일은 중국 민간 전통 명절인 단오절이다. 단오절은 "단양절"로도 불린다.

단오절을 지내는 것은 중국인의 전통 풍습이다. 단오절은 비단 중국뿐만 아니라 주변국에도 많은 영향을 끼쳤다. '용선 경기'와 같은 활동은 이미 국제적인 체육 경기가 되었다. 중국인들은 단오절을 지내는 것은 굴원을 기념하기 위함이다. 사람들이 단오절 풍습으로 용선 경기를 치르고 '쫑쯔'를 먹는 것 등은 모두 굴원을 기념하는 것과 연관되어 있다.

한국의 전통으로 단오절은 창포물로 머리를 감고, 목욕도 하는데 이렇게 하면 한 해 동안 매우 건강해 질 수 있다. 현재는, 강릉지역의 '강릉 단오제'만 전해져 내려오고 있다.

중국사람들의 단오절은 굴원을 기념하는 것이지만, 한국사람들은 이 명절에 여러 신령들에게 제사를 지냄으로써 한 해 동안 오곡이 풍성하기를 기원한다. 한국의 단오절에는 또한 씨름, 그네뛰기, 줄다리기, 활 쏘기 등의 경기 및 탈춤, 불꽃놀이, 단오 등 띄우기 등의 활동이 벌어진다. 한국 단오절의 특색 있는 음식은 '차륜병'이다.

제12과 网络购物

인터넷에서 물건을 사는 것을 간단히 말하면 인터넷 쇼핑으로, 인터넷을 통해서 상품을 구매하는 것이다. 구매자는 인터넷에서 돈을 지불하는데, 물건이 도착한 후에 물건값을 지불할 수 있다; 판매인은 택배회사를 통해 물건을 구매인의 집 앞까지 배송할 수 있다. 현대인들의 생활템포는 점점 더 빨라지는데, 거리를 돌아다니며 물건을 구매하는 것은 많은 시간과 체력을 소비한다. 따라서, 직장인들은 인터넷 쇼핑에 최대 소비층이 되었고, 기타, 가정주부와 학생도 인터넷에서 물건을 사는 것을 좋아한다.

인터넷 쇼핑은 많은 장점을 지니는데, 예를 들면: 발로 문밖에 나가지 않으면서도 편하게 물건을 사며, 게다가 품종도 다양하고, 종류도 다양하며, 가격도 저렴하고, 사고 싶은 것도 모두 다 갖춰있다. 주문을 하면 바로 물건을 발송하여, 편리하고 신속하다.

하지만 인터넷 구매에는 큰 단점도 있는데, 예를 들면: 상품의 품질을 보장할 수 없으며, 가짜와 위조현상이 심각하다. 또 다른 예로: 인터넷 구매는 단지 (상품의) 사진이나 묘사 또는 평가 등만을 보기 때문에 손으로 만지거나 직접 체험을 하지 못해서, 많은 경우에 상품이 도착한 후에, 인터넷 사진에서 본 것과 차이가 아주 크다는 것을 발견할 수 있다.

현재, 인터넷 쇼핑은 점점 더 뜨거워진다, 하지만 여러분들은 맹목적으로 따라 하면 안되고, 자신에게 주어진 상황에 맞추어서 인터넷 구매를 할지, 실제 상점에 가서 사야 할지 결정해야 한다.